人物叢書

新装版

星《ほし》 亨《とおる》

中村菊男

日本歴史学会編集

吉川弘文館

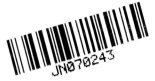

星　亨の肖像

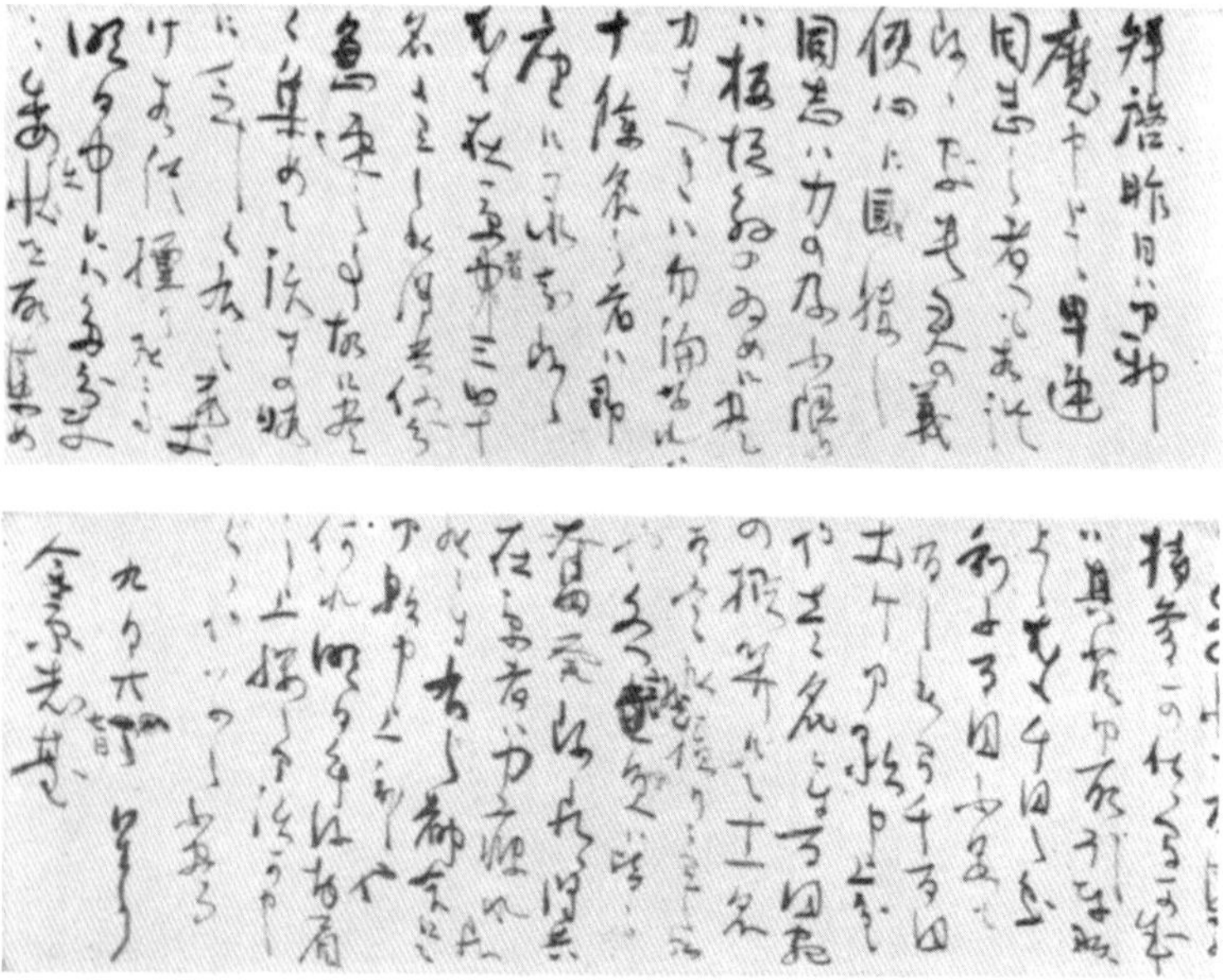

（中村家所蔵）

星亨の筆蹟

拝啓　昨日は御邪魔申上候。早速同志之者へも相談致候処、貴君の義侠心に感服し、同志は力の及ぶ限りは板垣翁の為めに尽力すべきは勿論なれば、十余名之者は即座に承知致候。尤も在京者三四十名も有之候得共、何分急速之事故に、尽く集めて話すの暇に乏しく、右之数丈け相談纏り候にて、明日中には多分夫々委任状を取集め持参可仕候間、可成は其節御取引奉願上候。尤も千円之処、利子百円不足も有之候間、千百円丈け御願申上度候也。壱名に付百円宛の概算にて十一名相定候積りに有之候也、各議員は皆々奮発致居候得共、在京者は力疲れ居候に付、右の都合にて御願申上度候也。何れ明日午後拝眉之上、縷々御話可申上候也。

草々不尽

九月廿七日　　星　亨

金原老台

はしがき

星亨の伝記については、すでに筆者は『明治的人間像―星亨と近代日本政治―』（慶応通信刊、昭和三十二年）と題して発表した。これは中野寅次郎氏によって明治末期から大正初期にかけてあつめられ整理された資料を中心としたもので、星家（当主星光氏）にあったものを拝借し、それを基礎にして編纂した。しかし、星家にはまだ多くの基礎的資料が残っており、それを拝借してさらに詳しい星亨の正伝を書くべく準備をすすめていた。ところが、その後身辺多忙のため約束が果たせず今日にいたっているような状態である。

たまたま大久保利謙氏の御紹介により、人物叢書の一冊として『星亨』の執筆を頼まれ、欣然として引受けたが、身辺の多忙に追いまくられ、執筆がおくれてしまったのは申しわけのないことである。そこで、『明治的人間像』の焼きなおしでは面白くなく、それになかった特色を出そうとあせったが、同一人物について、まるでちがった伝記を書くことはできないので、前著の記述を土台とし、執筆洩れになっていたいくつかの事項を補足し、重複するような部分は極力避け、とくに、前著にあまりなかった駐米公使時代のことに関して詳しく触れた。

従来、星の伝記としては明治時代からいくつか出ているが、近年のまとまったものとしては前田蓮山氏の『星亨伝』（高山書院刊、昭和二十三年）だけである。しかし、この本は興味深い話題が盛り込まれているが、星に関しては誤りが多く、引例するにはちょっとちゅうちょする点がある。筆者の前著は星に関する誤伝を多く正し得た。このことはよかったと思っている。前田氏は明治・大正両時代の政党史に関してはもっとも詳しく、逝去される直前『歴代内閣物語』および『「自由民権」時代』の好著を出されたが、星に関する事項も多く、執筆にあたってはこれを参照した。

なお、本書の作成にあたっては慶大法学部講師利光三津夫および東京政治研究所の上条末夫・小平修三君の援助を得た。記して感謝の意を表するしだいである。

昭和三十七年十二月

中村菊男

目　次

口絵

挿図

一　おいたち

1　貧窮生活の幼少時代

江戸の町家に生まれる

星亨《とおる》は嘉永三年（一八五〇）四月八日、江戸の八官町（現、中央区銀座八丁目）に生まれた。幼名を浜吉といい、六歳のとき、継父星泰順に養われ、登《のぼる》と改めた。さらに、横浜の医者渡辺貞庵の門下にあって医学を修めていたとき、すなわち、文久三年（一八六三）六月、十四歳のとき、泰玄といったが、まもなく、慶応二年（一八六六）二月、十七歳のとき以来、亨と改めた。爾来《じらい》、ずっと亨と称してきたわけである。

父は佃屋《つくだや》徳兵衛といって、家代々左官業をいとなんでいた。明治時代の政治家が、ほとんど京都の公卿、ないし武家の出身であったのに対して、星は、江戸の町人の家に生まれ、身分において、封建的な支配階級とは関係がなかった。

父は佃屋徳兵衛

父の佃屋徳兵衛は職人肌の人物であって、俠気を尊び、江戸築地南小田原町に住んで、大名や富豪の商家を華《か》客《かく》として、出入りをしているうちに、大名屋敷の下女をしていた山本松子を知り、媒介する者があって、これと結婚した。

松子は相州（神奈川県）浦賀の山本伊右衛門の娘であって、当時、松子は二十二歳であったが、徳兵衛は四十四歳になっていたという。

両親の生活

結婚後、数年の間は、多少の財産もあり、かなり派手な生計を営み、女の子が二人生まれたが、徳兵衛は職人かたぎの人であり、とくに、外見をよくしたいという気風があり、お宮参りや、お寺参りのために、大勢の人びととともに諸国を回遊することが好きであった。さらに、夫妻とも酒が好きで、派手な生活を続けていたために、出費がかさみ、ついに倒産しなければならなかった。

父徳兵衛の家出

亨が生まれたころは、かなり生活も窮迫しており、徳兵衛は亨が生まれて一－二年も経たないうちに妻子を捨てて、飄然《ひょうぜん》と家出をしてしまった。

気丈な母親と運命の分かれ道

そこで、松子はいたし方なく、泣く泣く女の子は他家に奉公に出し、幼少の浜吉(亨)を連れて、町使いや、下女奉公をしていたが、貧乏はますます加わり、どうしようもなくなった。そこで、松子は生存の希望がなくなり、浜吉を赤坂あたりの堀に投げ込もうとして、一たんは背中からおろすまで思いつめたが、この子は男子であるから、どんなつらい思いをしても育て上げようと思いなおし、涙をしぼって、また浜吉を背負って生き抜こうと決意したということである。母親松子は、このように気丈《きじょう》な性格であった。もし、このとき浜吉が堀に捨てられていたら、後年の衆議院議長星亨は生まれなかったわけで、星の一生にとって最初に出会った運命の分かれ道ともいうべきときであった。おそらく明治時代の政治家のなかで、このような境遇に出会ったものはいないであろう。

伯父に預けられる

ところが、浜吉は幼少のころから気が強く、いたずらで、奉公先の主人の子供をいじめ、ややもすれば乱暴することがあるので、松子は気苦労のために、手足纏《まとい》の浜吉を浦賀の実兄の家に預けて、ひとり身となって、なお、下女奉公をしたり、髪結《ゆ》いなどをしながらやっとその日を送っていた。

母の再婚

そのころ、二本榎（現、港区）あたりに住む星良永《りょうえい》、改め泰順という、医者を本業とするかたわら、易者を兼ね、いけ花・手習などを教えている人と松子は知り合った。そこで、松子は、親しく自分の不幸を泰順に話したところが、泰順もこれに同情して、二人は結婚することになった。これが星亨の養父である。ときに、嘉永五年（一八五二）で、泰順・松子ともに三十六歳であったという。

養父星泰順

泰順は医者を本業としていたが、かたわら易者を兼ねていたほどであるから、暮し向きは楽ではなく裏長屋に住んでやっと生活できるような状態であり、それに足が不自由であった。泰順夫妻は結婚後、麻布《あざぶ》絶江《たちえ》（もとの新堀町の西で本村町に接する辺）に移り、裏長屋の生活をしていたが、泰順は街頭に立って易者となり、松子は他家の洗濯を手伝ったり、女髪結いなどをしてやっとその日の生計を立てる始末であった。

徳兵衛ふたたび行方不明

あるとき、川崎で星夫妻は、はからずも佃屋徳兵衛に会った。徳兵衛はそのとき自分のいたらないことをあやまり、改めて松子と離縁し、長女くめと、次女きくとを自分の方に引きとり、浜吉を泰順の子とすることを約束したが、徳兵衛はそのまま行方をくらましてしまったので、長女も次女も、結局、泰順が引き受けることになった。

星　泰順夫妻

星夫妻の貧乏生活

しかし、夫婦の貧乏ははげしく、この三年間良永の縁故のあるところは江戸といわず、近郷といわずことごとくあさりつくして、なお、生活の安定を得ることができず、とうとう二人の娘は、川崎の遊女屋へ売られてしまった。このような貧乏生活の中に、星夫妻は松子の故郷である浦賀の隣村の大津村に移り、良永は泰順と名を改めた。そして、伯父の家にあずけられていた浜吉を引き取ったのであった。このとき浜吉は六歳ばかりであったが、浜吉という名前は、あまり俗に過ぎるというので、登と改めた。こういったところに星夫妻のしゃれた反面があったといえよう。

登と改名

　泰順は名前を改めたが依然として貧乏であってどうしようもなく、子供のタコの絵などをかいて銭をとり、松子は例によって他家の洗濯などをしながら生活し、ようやく生活を維持する程度であった。

浦賀まで絵の具買い

　ときに登は七歳ばかりであったが、垢じみたちゃんちゃんこ(袖なしの半纏)を着て、浦賀に往来し、父親泰順のために絵の具を買い求めに行った。大津・浦賀間の道は寂しく、樹木がうっそうと繁り、子供にはとても無理な道のりであった。ときあたかも浦賀防衛のために来ていた熊本藩の武士たちが登のこの有様を見て、呼んで頭を撫で、菓子などをあたえて慰めたという。

浦賀へ移る

この村におること、二－三年にして泰順一家は浦賀に移った。

幕末の浦賀はペリー Perry, M. C. の来航などがあり、重要地点として、時代の脚光を浴びていたが、ちょうど、この港は東京港への関門にあたり、船改所《ふねあらためしょ》があり、江戸へ出入りする船舶は検査を受けなければならない規則になっていたので、諸国の船がみなここに寄港・碇泊《ていはく》し、港の出入りは盛んであった。

船の間を徘徊して父親の手伝い

泰順夫妻は浦賀に移った後、港に入った船頭や水夫のもとめに応じて、灸《きゅう》をおろすことを本業とし、かたわら、内職として提燈《ちょうちん》をはって生計を立てていたが、松子は依然として近所の手伝いをして家計の足りないところを補っていた。そのころ、星は九歳から十一歳くらいで、いつも泰順の後にくっついて舟を漕ぎ、碇泊している船の間を徘徊《はいかい》して父親の手助けをしていたという。

徳兵衛の命日

この泰順夫妻が浦賀にいる際、佃屋徳兵衛がやって来て十日あまり滞在し、星一家の歓待を受けてどこともなく去っていったが、その後、杳《よう》としてその消息がわからなかったので、松子はこの徳兵衛の去った日、すなわち、万延元年（一八六〇）五月五日をもって徳兵衛の命日とした。そのとき、星は十一歳であったが、徳兵衛が実父であることを知らず、これを他人だと思ってか、ただ「爺《じじ》」といっていたということである。

2　英学を修める

横浜に出て生活やや楽になる

まもなく、泰順夫妻は横浜に出て、吉田橋内の土手の一小屋に居住し、例のごとく漢方医を標榜しながら、習字やいけ花の伝授を副業とし、松子もまた同じように近所の手伝いをしながら生計を立てていたが、星も両親についてその手助けをしていた。その後、入舟町の関門ぎわに移って、泰順は医者を本業としていた。

あたかも横浜開港のまぎわであって、金まわりもよく、星一家にとっては、やや生活が楽になったときであった。

医術の修業をはじめる

この入舟町にいるころ、松子が熱病にかかったために、泰順は同業の渡辺貞庵を招いて治療を受けさせたが、これが機縁となって、登は貞庵の弟子になって、医術の修業をすることになった。ときに登は十二歳で、当時は医者になるつもりであったという。

当時の登は、とくにすぐれた秀才ではなかったけれども、自分の思ったことを実行する場合に、勝気で、負けずぎらいなことと、読書を好んだことが伝えられている。登は貞庵のことを老先生と呼び、その養子顕哉《けんさい》を若先生と

渡辺貞庵

呼んで、ひたすら医者の修業にはげんだ。

渡辺顕哉に師事

渡辺顕哉

　ある日、星は顕哉が『解体新書』を講義し、四肢や臓腑などの人体の構造作用を説くのを聞いていて、「ヨーロッパ人はなんでこのように人体のことを精密に知っているのか」と質問した。これに対して顕哉は「解剖術があるからだ」と答え、そして「解剖はかならずしも人体においてするを要しない。犬や猿の類を解剖するのもまた人体の構造を推知するのに好都合である」と説明した。そこで、星は「犬や猫の死体があれば、先生はよく私のために解剖して、その中の様子を教えてくれるか」と問い、「よろしい」と顕哉が受け合うと星は外に出かけていってずぶぬれになった死犬をひっさげてきて解剖してくれと頼んだ。それは街頭にいた野良犬を捕えて路傍の天水桶の中に入れ、溺殺したものである。そこで、顕哉は刀を執ってこれを解剖し、その中の様子を説明したのであった。このことによって星は顕哉が実行力のある人物であることを知ったが、このことは星自身も思い立てば、すぐ実行に移す性格の持主たることを示すものといえよう。

熱心に医学を学ぶ

また、ある年の歳末の日、星は顕哉に従ってオランダ人の病院に行ったところが、たまたま書生が集まって死犬を解剖し、その眼球が地上に散在しているのを見た。そこで、星は早速それを拾い、これをガラス瓶に入れ、水に漬《ひた》して持ち帰る途中、顕哉がある患者の家に立寄った。星はその家の縁先に腰を掛け、持ってきたガラス瓶を撫《な》でながらその中を見ていた。その家の主人公は稀有《けう》のカツギ屋であって、明日は新年だというのに今日縁起の悪い犬の眼球など持ってこられてはたまらんと思ったのであろうか、すこぶる不愉快な顔をして一声高く「それはなにか」と叫んだ。顕哉もこのことをひそかに気遣っていたわけだが、星がなんと答えるかみていた。ところが、星は落着いて「これは西洋慈姑《くわい》である」と平然と答えた。帰家の後、顕哉はこの星の答弁を「なかなかうまい」といってその当意即妙の答えぶりに感心したという。

泰玄と改名

このように星は医者の見習をやりながら修業をしていたが、このころは医者になるつもりで、泰玄と改名した。ときに、文久三年(一八六三)六月のことであった。

渡辺牧太および夫人・令嬢

高柳天城に漢籍を学ぶ

当時、渡辺貞庵の長男に牧太という子供があり、星より二歳の年長であって、二人は気が合い親友となった。そのころ、牧太は伊豆の人で高柳天城という漢学者について漢籍を学んでいた。そこで、星もこの人について四書五経の句読の教授を受けた。

英学所に入学

そのころ、牧太は幕府官立の英学所に通い、英学を修めていたが、星は牧太の学んだものについて、ＡＢＣからその伝授を受けた。その後、星はこの学校に入学を許され、教官より直接英書を学ぶことができた。これが、星が英書を学んだ最初である。

この学校は神奈川奉行輩下の武士階級の子弟を教育するために設けられたものであるから、一般平民は入学することができなかった。しかし、星は奉行付西洋医の門人ということで入学を許されたのであった。この学校は慶応二年(一八六六)十月、大火のため焼けて廃校になったが、当時の在学生中には高橋是清・矢田部良吉・益田克徳・佐藤桃太郎などの人びとがおり、大鳥圭介は准教員として出席し、林董《ただす》もややおくれて入学したという。

深更まで読書

当時、星の学業に対する態度は、きわめて熱心であった。昼は終日渡辺家の玄関番を勤め、また、渡辺について患者の家を巡回し、いろいろ手助けをしていたにもかかわらず、暇さえあれば書物を読み、夜は深更にいたるまで燈下で書物に親しんだ。その結果、漢書・英書の解読に非常な進歩があった。

洋学で身を起こすことを決意

そのうち、星の意思であったか、あるいは両親の考えであったか、あるいは第三者との相談ずくであったかわからないけれども、医者になる希望よりも、むしろ洋学をもって身を起こそうということになり、星家ではその手段が考えられていた。

御家人の身分を得る

その当時の洋学校のうち、優秀なものはみんな官立であって、その官立学校に入るには、旗本・御家人《ごけにん》などの武士の籍に入る必要があった。そこで、いろいろと人を物色していたところ、当時、江戸牛込矢来《やらい》町のあたりに小泉某という幕府の御家人がいて、その御家人の株を譲ろうとしているのを聞いて、奇貨居《お》くべしと考え、五十両を持参金として養子の名義を買い、星は幕府御家人たる身分を得た。ときに、慶応二年(一八六六)のことで、十七歳のときである。

御家人株の売買

当時幕府ならびに諸藩とも、武士の家で一般に養子の名目で他人の子弟に家督を譲与する風習があり、その実は持参金と称する代価を得て家督の実質である家格・家禄を売り渡すものである。これを「株の売買」と称した。星のごときも名目は小泉家の養子ではあるが、実は代金五十両で小泉家御家人の株を買収したのである。

亨と改名

星がまだ小泉家に入らないうち、すなわち、慶応二年(一八六六)二月九日、泰順の旧知であった二本榎の高野寺の住職たる亮乗《りょうじょう》の説にしたがって名を亨と改めた。これは従前の登という名前は、登ればすなわち下るという意味があって縁起がよくないというので、亨と改めたわけだが、それは「不易無碍《むげ》に亨通《こうつう》する」という言葉からとったものだという。

兵隊の訓練に耐えかねる

星が小泉家の人となったころ、幕府御家人は散兵隊に編成せられたので、兵隊の訓練があった。そこで、星も毎日、深川の越中島におもむいて、射撃の訓練を受けていたが、体が痩せていておまけに背が低く、体力が微弱で、この重労働に耐えられなかった。また兵隊の訓練は、星の最も不得意とするところであった。

開成所に入学

たまたま、小泉老夫婦の親交者に後の駅逓総監の前島密《ひそか》がいた。前島は幕府官立の英学校である開成所の関係者であって、英学者であったから、小泉夫婦の請いによって星に英学を教えたのであった。前島は星の学力のすぐれていることを見て、慶応三年（一八六七）の春、星にすすめて開成所に通学させ、かつ、星を推挙して同校の英語世話役心得の役目をあたえたので、兵隊の訓練の方はまぬがれ、もっぱら学業に身をいれることができたのであった。星一家にとっては、当時第一級の学校に入ることができたのであるから大きな喜びであった。子供の出世のイトグチができたので両親も希望を将来にもつことができたし、星もまた大きな青年の野望に胸をふくらまし、生来の自信と努力の結果、未来への躍進の機会をつかんだのであった。

小泉家を離縁さる

しかし、星が、この小泉家の養子となって、すでに一年余を経過したが、泰順は持参金を持って来ず、星の態度もすこぶる養子には適せず、また、松子のごときは、しばしば小泉家にいたり、豪飲するような始末で、小泉老夫妻の感情を害し、ついに、星は離縁せられることになった。ときに、慶応三年（一八六七）六―七月のころであったというが、そのとき、星の将来を引き受けたのが、前島密である。

前島密に引きとられる

前島は星の才能を認め、他日有為《ゆうい》の人物になるであろうと確信し、星の廃学をおしみ、離縁後、星を自宅に引き取り、依然として開成所に通学せしめたのであった。もっとも、星は離縁後といえども、なお小泉姓を名乗り、開成所に出入し、そして、星姓に復したのは明治元年(一八六八)のはじめごろであった。

何礼之に師事

　さて、慶応三年(一八六七)八月、前島が神戸開港事務者となって、同地に赴任することになったので、星の一身上のことについては門人の土屋栄に託し、学業の方は、もっぱら何《が》礼之助に頼んだ。何礼之助は後の何礼之《れいし》で、何は当時開成所の教授であった。

何　礼　之

海軍伝習所の英語世話役となる

　ここにおいて何礼之は星の学業のことを引き受けたばかりでなく、両親をも自宅に引き取って世話していたが、慶応三年(一八六七)十月、海軍伝習所の教官に転任すると、星をその生徒英語世話役に推挙し、日給二朱を受けるようにとりはからった。二朱は一両の八分の一であって小額のようだけれども、当時の一日二朱の俸給は両親を養って十分足るものがあった。ここで、はじめて星は独立自営の生活を送ることができたのである。

3　英学の教師となる

このようにして星の運勢は開けてきたわけだが、当時徳川幕府が倒れて、海軍伝習所のような機関はいらなくなった。そこで、星は就職後三月足らずで失業の憂目をみなければならなかった。

外国新聞の翻訳

星は就職の口をいろいろと求めたが、たまたま開成所の同窓の友人である塚原周造の斡旋によって、外国新聞の翻訳に従事し、わずかに生計の資を得ていた。

小浜藩へ就職

そこへ、たまたま、若狭国（福井県）小浜《おばま》藩主の酒井氏が、小浜に洋学を起こそうという考えがあり、藩士池田政吉をして洋学者を求めさせた。そこで、かねて星に英語を学んでいた同藩士の日比野勉、ならびに塚原周造などが小浜行をすすめ、何礼之もまたこれに賛同し、同時にまた塚越良之助も池田に紹介したことによって慶応四年(一八六八)二月、小浜藩に就職することになった。ただし、藩庁に対しては表面直接の関係とせず、俸給のごときはすべて池田の手を経由するような按配であった。しかしながら、星自身の俸給のほかにとくに藩より両親に対して二人扶持を支給させる約束であったので、星としては好待遇を得たわけである。

星が小浜藩に雇われ、まだ任地におもむかず、なお牛込矢来町の藩邸の長屋に住んでいたとき、池田がたまたま藩庁から横浜出張を命ぜられ、多忙その他の事故があって星にその代理をさせることがあると、いつも旅費として二両をあたえていた。この場合には星は横浜までの途中、かならず、まず両親の住まっていた赤坂弁慶橋付近の裏店《うらだな》に行き、旅費の中から二分ばかりをさいてこれを両親にあたえ、帰途に際してはたとえ夜中になってもふたたび両親を訪ね、旅費の残りのすべてを両親に進呈するようにしていたとのことである。星はこのように青少年時代からすこぶる親孝行であった。

英学の機運熟さず

星が小浜藩に就職したのは慶応四年(一八六八)二月のことであったが、同年八月、小浜に到着して大いに英学を教え、学生の教育にあたろうとしたが、当時、小浜では英学は、漢学や蘭学におされてその機運が熟さず、来たり学ぶ者もきわめて少ない状況で、星は失業同様の有様であった。

大阪へ赴く

そこで、星は大阪にいる何礼之に手紙を出して、新しい生活についての依頼をした。何礼之もこれを諒解したので、小浜を去り、大阪におもむいたが、ときに、明治二年(一八六九)の初秋のことであった。

池田政吉の厚意

しかし、星にとって常に念頭から去らなかったことは両親のことである。彼の小浜藩退去は、正式な辞職ではなく、一種の脱走であったから、両親に迷惑がかかることは十分に考えられたところである。そこで、早速池田に手紙を送って「いまから大阪に出て活動しようと思うが、ただただ心配なのは両親のことである。まことに恐縮ながらしばらく父母をして飢寒を免れしめるような方法を考えてはくれまいか」と訴えた。池田は星の手紙の趣旨を諒承し、星の脱走をかくして、藩庁から依然として両親に扶持米をあたえさせていたのであった。見かたによっては身勝手な話であるが、星の両親に対する孝養の誠が通じたものといえよう。

親分肌の性格あらわる

しかし、星は大阪におもむく際に丁野《ちょうの》大八・塚越鈴彦など三人の門弟を引き連れていった。このあたり、若くしてすでに彼の親分肌の性格があらわれており、星の面目躍如《やくじょ》たるものがある。

何礼之は明治政府当路者の内命により、京阪の地に大学を設立する目的をもって明治元年(一八六八)七月、東京（この月より江戸を東京と改める）より大阪に移り、まず、その私塾である瓊江《たまえ》塾をこの地に移し、いくたの俊才を養い、同時にまた大阪府立の洋学校に出てその監督にあたっていた。

何の私塾で英書を学ぶ

星は大阪に到着すると、この何礼之の塾において、多くの学生とともに英書を勉強し、ここにおいて、また研究を続けた。当時、何礼之の塾には、長谷川芳之助・宮崎道正・市川盛三郎・浜尾新・豊川良平などの人びとがおり、その将来を矚目《しょくもく》されていた。

独自の見識をもつ

そのころの星の性格態度はかつて江戸にいたときとはちがい、言行ともにいちじるしく毅然とした風格をあらわし、人と話をしてもいやしくも笑わず、議論は一種の見識を立て、それに固執して他人に譲らず、書物中の意義といえども何礼之の見解にさえ服せず、ついには、塾中において「何先生派」と「星君派」の二派を生ずるにいたり、沢井熊次郎・沢井甃平《しゅうへい》のごときは「何先生」の説につき、浜尾新のごときは星の説に従ったという。しかし、生来の仁俠的な性格があらわれ、よく同学の窮乏者を助け、学業もすでに造詣深く、諄々《じゅんじゅん》として説き、後進

塾頭となる

のものに対して大きな影響をあたえたのであった。そして、この塾の塾頭になっ

たけれども、性格が恬淡《てんたん》としており、塾生の信望が厚かった。

折から、兵庫県知事陸奥陽之助、すなわち後年の陸奥宗光から、兵庫県下において英語の教師を求めたいという要望があり、その人選を何礼之に頼んできたので、何礼之は星を推薦した。後年、星の世に出るについては陸奥の推挙に負うところがきわめて多いが、このときはじめて星と陸奥との関係ができたわけである。

陸奥宗光

いくばくもなく、和歌山藩において、林和太郎など十四－五名の生徒を大阪に出して、英学を修学させることになったが、陸奥は星をして、これらの学生の監督たらしめ、ふたたび大阪へかえすことになった。

そこで、彼は大阪に帰って、天神

和歌山藩の洋学助教となる

橋のほとりの和歌山藩の屋敷に入り、藩の御出入りとなり、洋学助教、同藩遊学生の監督兼授業を担任して、和歌山藩より給料を支給せられた。ときに、明治二年(一八六九)九月のことであった。

大阪府立洋学校の訓導となる

このように、星は和歌山藩の俸給を受けるかたわら、なお、何礼之の推薦によって、明治二年(一八六九)九月、大阪府立洋学校の訓導になることになり、経済的にもずいぶんゆとりができてきた。そこで、小浜から連れてきた三人の書生を養うことができた。

一ヵ月で少助教に

大阪府立洋学校は、明治三年(一八七〇)春になって、大学南校の分校となり、開成所といい、政府直轄の学校となったが、これが後になって、第三高等学校(旧制、後に京都に移る)になった。何礼之は、また星をこの学校に推挙し、よって、星は大得業生に任官し、一ヵ月で早くも少助教に昇進したのであった。

大学校の設置

明治政府は、明治元年(一八六八)十二月、知学事をおいて教育行政にあたらしめたが、明治二年七月、これを廃止し、昌平校を改組して大学校と称し、これを教育行政の最高機関とした。そして、大学校に別当・大監・少監・大亟・少亟をおき、教官を大・中・少博士、大・中・少助教としたが、星はこの少助教となったわけである（前田蓮山『星亨伝』）。

ところが、その年の七月、政府は中島永元を校長とし、小倉処平・平田東助両名を舎長として、東京から派遣してきた。そのため、大阪開成所はまた何礼之一派の主管ではなくなったので、星の地位は悪くなった。

和歌山藩兵学寮に出仕

そこで、星は同年九月、少助教をやめて、単に和歌山藩のみに勤務し、同年九月、同藩兵学寮出仕を命ぜられた。このため俸給も上がったが、数ヵ月を出ないうちに、関西の生活にあきたらず、東京、ないし横浜に出て、大いに才能を発揮しようとしたが、その間、両親を養う方法がないのを心配して何礼之にこのことを相談した。そこで、何礼之はこのことを陸奥に頼んだところ、陸奥は、「星にして他日志を遂げ、学成るにおよんではわが紀州藩のために努力すべし」という条件の下に藩庁をして両親を給養させることとし、星夫妻を東京から和歌山に迎え、養うことになった。

横浜へ移る

和歌山藩庁としては、とくに星に対して横浜にあって藩の用を勤めることを命じ、かつ、当時の制度として各藩士族卒の他所在住に必要な藩の鑑札をもあたえたのであった。ここで、星は後顧の憂いなく安心して東行の途につくことができたが、それはちょうど明治四年（一八七一）のことであって、この年の七月、廃藩置県が行なわれることになった。右大臣の岩倉具視が特命全権大使として欧米に派遣せられたのもこの年の十月である。

4　横浜に移る

修文館の教頭となる

星が大阪より横浜に移ったについてはあらかじめ陸奥と打ち合わせをした結果

かどうかわからないが、続いて同年八月には、陸奥が神奈川県知事となり、また同じく横浜へ来ることになったので、星は陸奥の助言によって、神奈川県立英学校修文館の教頭となることができた。

S・R・ブラウン

修文館は横浜弁天祠《し》畔《はん》の松林の間にあり、かつて幕府時代に武術稽古所であったものを改変して洋学校としたものである。この学校にはかつて神奈川奉行時代に英語教師をしていたエス＝アール＝ブラウン S. R. Brown が、なお、英語の教師をしており、小野梓《あずさ》・中浜東一郎・井深梶之助・渡辺専次郎などの人びともみな当時この学校の寄宿生であった。

書生を養う

星は、当時、野毛山にあった神奈川県庁所属の官舎に住み、大阪開成所より連れてきた藤井伸二・福井信・服部敢などの若い者を書生とし、毎日、学校に出て英学を教え、同時に、また家にいる書生にも講読し、かつ、かたわら史伝などを翻訳し、藤井をして校正をさせたのであった。当時、星は書生を連れて、ずいぶん遊びまわったもののようである。

英国証印税法を翻訳

明治五年(一八七二)三月十五日、二等訳官に任ぜられた。続いて四月十四日、神奈川県庁を通じて大蔵省に招かれ、東京に行き、同月二十五日、租税寮御雇となり、月給百円をもらうことになった。月給百円といえば、当時は相当の高給であった。星はここで英国証印税法を翻訳したが、この翻訳が基本となって、その後に、証券印紙規則が法律になったという。

井上馨に見出される

というのは当時大蔵卿大久保利通が岩倉具視全権大使に従って欧米各国の巡遊に出掛けたために大蔵大輔の井上馨が代理で省務をみていた。そして、井上は西洋諸国の税法および会社法などを日本に採用しようとし、まず、その法律規則を翻訳させようとして星の名を聞き、陸奥に照会して大蔵省御雇に任命するようになった。かくて、薩長土肥いずれの藩閥勢力とも関係のなかった星が、長州藩出身の井上馨に見出されることによってさらに将来への地歩をかためることができた。それは縁故関係からではなく、彼の英学修得の結果であったわけである。

これよりさき、星は小浜にいたときから酒を飲みはじめ、ずいぶん乱暴をしたことがあった。この行動は横浜に入り、東京へ出てからも続き、門弟を引き連れて、吉原などでずいぶん乱暴をしたようである。横浜時代は所管学校の生徒に率先して巡査と争ったり、東京に入っては書生とともに料亭で豪飲して市中を横行濶歩し、車夫を殴ったり、巡査に喧嘩《けんか》をふきかけたり、ほとんど毎日のようにあばれまわっていた。

酒乱のため閉門免職

そこで、政府は、公安を害する者として、明治五年（一八七二）六月、ついに司法省断獄課にくだし、「新律綱領」に照らし、星を閉門百日の刑に処した。かくして、その八月大蔵省を免職になった。

秘蔵書を売って書生を養う

閉門免職となれば生計の道は他の方法によらなければならない。星は、その門弟をして西洋の英雄の伝記を翻訳せしめるなど、八方道をこうじたが、その家計は惨憺たるものがあった。たまたま上京した星の両親は、これを機会に食客書生を謝絶させようとしたが、それは星の容れるところとならなかった。彼は秘蔵の書を売って生活費にあて、書生を養い続けたが、このことは星の子分を大切にする性格をよくあらわしている。

陸奥にいましめらる

この状況を心配して、陸奥は、星をいましめて、大成をはかるよう勧告し、自分の屋敷へ来るようにすすめた。そこで、星も悟るところがあり、書生を率いて陸奥宅に移ったが、そのころから品行が方正になり、謹直の様子があらわれた。

租税寮七等出仕となる

そこで、陸奥は閉門の刑期が終わるのを待って井上馨に推薦し、星は租税寮七等出仕に推された。ときに、明治五年(一八七二)九月二十日のことで、当時陸奥は神奈川県令から租税頭にうつり、大蔵省三等出仕を兼ね、地租改正の仕事を担当しつつあった。

英国法律全書の翻訳成る

陸奥の邸宅は当時深川の清住町の河岸にあってその長屋は墨田川の流れにのぞ

み、景色がすこぶるよく眺望も絶佳であった。星は後にこの長屋に移り、生活をしていたが、そのとき神鞭知常《こうぶちともつね》を助手として『英国法律全書』の翻訳をここにおいて起稿したのであった。星はここを洒落《しやれ》て「三泌水碧楼」と名づけた。

二　活動期に入る

1　横浜在勤時代

伊阿弥津奈子と結婚

明治六年（一八七三）二月十二日、星は横浜在勤を命じられ、税関次官として、同地におもむくことになったが、出発するに先立って、伊阿弥《いあみ》一雄の長女、津奈子と結婚することになった。伊阿弥家は、徳川幕府出入りの由緒ある畳職の棟梁であった。ときに、星は二十四歳、夫人は十七歳であった。

税関次官として横浜へ赴任

ここで、新婚夫婦は食客の神鞭知常《こうぶちともつね》を連れて横浜に赴任し、海岸通りの倉庫に居住することになった。

星は結婚後、品行きわめて正しく、明治時代の他の政治家のように、第二・第三夫人を持つこともなく、花柳の巷に遊ぶようなこともなかった。

神鞭知常と激論

津奈子夫人

横浜在任中、ある日、神鞭知常と野沢雞一とが、伯夷《はくい》と太公望《たいこうぼう》の優劣を論じ、神鞭は伯夷の方がえらいといい、野沢は太公望の方がすぐれているとのべた。そして、どちらも譲らず激論をしていたところへ星があらわれ、伯夷をけなし、太公望をほめたので、神鞭はそれを黙過《もっか》できず、星の説を反駁し、お互いに口角泡をとばし、談論風発、激論になったので、折柄巡回中の警官がこれをとがめ、喧嘩とまちがえて取りしずめようとしたほどであったという。

ロシア領事税関の旗に抗議

また、横浜駐在のロシアの領事が税関に抗議を申し込んできて、従来税関のたてている旗がロシアの国旗に似ているからこれを撤去しろといってきた。そこで、長官の租税権頭《ごんのかみ》中島信行（後の衆議院議長）はこれをどうしたものか星に相談したのであった。

領事の抗議を拒絶

星はそれに答えていうには、「ロシア人がもし税関の旗が気に食わないのならば、むしろ自国の旗を変えればいいではないか。どうして他国の旗を禁止することができよう。絶対に彼らのいいなりになってはいけない」とのべた。

円満に事件を解決

中島はこの言葉を聞いて力強く思い、領事の要求を退けたのであった。このようなことがあって、しばらくして星は中島長官に進言をして各国領事に通告させていうには、「日本政府は国内にあっては旗をもって官庁の標幟とする必要はないように思う。よって、横浜税関の旗はわれみずからこれを撤去するであろう」といった。まことに人を食ったやり方であるが、こちらの面子《メンツ》も立ち、つまらない紛争の原因も除去することができて、一石二鳥の効果をあげることができたわけである。

横浜税関長となる

明治七年(一八七四)一月、中島信行は神奈川県令となり、横浜税関にはまた長官の職をおかないことになったが、この月の十九日、星は租税権助になり、翌日横浜税関長となった(このときまでは横浜に税関長官をおき、租税権頭をもってこれにあて二府五港の各税関を総監させていたが、この後は各港ともすべて一様に租税寮直轄となった)。

法の威信確立に努力

星が横浜在勤のころは明治維新の直後のころとて対外的に国威があがらず、外国人は不平等条約を乱用し、税関の規則を犯すようなことは日常の茶飯事であって、それをあえて怪しむものはないくらいであった。星はこの状態を深く残念に思い、なんとかして法の威信を確立しようとくわだてた。

オロロスキー事件

ちょうどそのとき、ロシアの代理公使のオロロスキーが横浜に上陸して税関を通るところを税関吏が見て、これを普通の人だと思い、手荷物を検査しようとした。これに対し、公使はその請求に応じようとしなかったが、税関吏が手をのばして強いてこれを見ようとしたので公使は大いに怒って、外交官の特権を侵すものであるとして外務省に訴えた。そのとき、星は、「ロシア公使がその役職名を告げなかったのは先方の落度である。税関吏がその公使であることを知らず検査をやろうとしたのは当然の行為であって、職務に忠実なゆえんである」と平然といい放ったので、外務卿の寺島宗則《むねのり》もこれを責めることはできなかった。

翻訳と漢書の研究

ラウダーより英法を学ぶ

星は横浜にいるうち、朝は早く起き、夜はおそくまで就寝せず、暇さえあれば精を出して『英国法律全書』の翻訳に従事し、そのころまでに刊行したもの四―五冊におよんだという。当時こうした議会の運営に関する参考文献がなく、左院の人びとのごときはとくにこれを珍重し、参考にしたということである。また、翻訳のかたわら神鞭とともに漢書について研究し、孔孟の道を修めたのであった。税関顧問のイギリス人ラウダーは法学にくわしく、星は同人について英法を学び、外事課長に転任してから後も毎週日をきめて東京から横浜まで出かけて行って勉強した。また税関長当時の星の様子について、柳谷謙太郎は、星は下僚に対して「長官ぶった挙動をなさず」野沢・神鞭などの属官とわけへだてなく談笑し、その言動は書生そのままであったとのべている。

2　英国に留学する

条約改正理事官となる

明治七年（一八七四）七月十四日、星は横浜税関長を免ぜられ、ただちに大蔵省に入って、租税本寮外事課長となった。外事課は全国の各港の税関を主管するところであった。さらに、同年八月二日、条約改正理事官となり、大蔵省に関する事柄を担当し、ときどき外務省にも出ることになったが、理事官というのは条約改正の調査委員のことである。

英国への派遣きまる

ところが、それからまもなく、九月二十九日太政官より英国へ派遣する旨の命令を受けた。これは、かねて星が英国法を研究し、いろいろと実地に対外折衝にあたった結果、ますます法学の研究が必要であることをさとり、むしろ海外に出て専攻しようとし、その志望を陸奥や井上に通じてその賛成を得た結果であろう

恵まれた留学

といわれている。その辞令には「租税権助の本官を以て差遣し、御用有之と云ふと雖《いえども》其実別に公用を課せず専ら学問修業せよ」とあり、留守宅には依然として本俸の全額を支給せられ、留学地においては官等相当の資格を受け、学資の方もいたって豊かであった。

そこで、星は英国のみならず、機会あればヨーロッパの各地を歴訪し、治乱興亡の歴史の跡を訪れ、各地の制度・文物を観察し、人情・風俗を知り、読書以外に多く見聞するところがあったが、できうるかぎり書物を買い求めて帰国した。

比類まれな読書家

星の蔵書一万三千部は、現在慶応義塾大学図書館に寄贈保存されているが、その内容は文学・歴史・法律・経済・政治を中心として、音楽や美術関係にまでおよんでいる。これをもってしても彼の学殖・学力がいかに非凡であったかが知られる。彼は私人として当時第一ともいうべき蔵書家であり、また比類稀《まれ》な読書家であった（板倉卓造『政治家史論』）。

英国へ出発

さて、星は明治七年(一八七四)十月十三日、横浜を出帆し、十一月二十五日にイタリアのナポリに上陸し、十二月五日目的地たるロンドンに着いた。その途上、各地で見たところの状況を両親に知らせ、老人を慰めたのであった。

かくて、ロンドンにおいて法律学校の一つであった「ミッドル＝テンプル」に入り、また、チューターとして別に校外教師を雇い、法学を専心勉強したのであった。この間、彼はできうるかぎり日本人と交際せず、英会話の勉強につとめた。

英国法を専攻

星は法律を学ぶにあたって、みずから英国法をとり、衡平法・民法・商法・私犯法・刑法・訴訟法・証拠法のように同じく英国の習慣によってできたものであっても、その淵源はローマ法にあり、そうでないものも条理の推敲《すいこう》に成るものであるから、よろしくこれも学ぶべきであるという考え方をもっていた。しかし、土地不動産法については英法学者のもっとも重んずるところであるにもかかわらず、英国にかぎられた一種特別の法律なので他の国ぐにの模範にはすることができない、として多く力をこの科目には用いなかった。

一院制を主張

また、憲法のごときも学ぶ点は多いが、日本と英国とでは国柄もちがい、典拠となしがたいものがあるとして、別に星個人の考え方を創定し、ことに、国会は一院制がいいとし、貴族院のあるのはかえって民意を阻害し、行政の円滑化を妨げるものであるという趣旨を試験の答案として書いたほどであるが、これが教師を驚かし、私見は試験問題の答案には不適当であり、自説を出してはいけないと訓戒せられた。

目的は日本憲法をつくること

星のこの趣意は、英国憲法を学んで、別に日本憲法をつくることにあった。明治十九年(一八八六)に各国憲法を編纂《へんさん》して、一つの書物を刊行したが、同時にこれを参照して、日本憲法を起草したのは、その由来するところ、こういったところにあったのではなかろうかと思われる。

ベンサムの本を熟読

ローマ法は法学の淵源なので、とくにこれを研究したが、もっとも喜んで研究したのはベンサムの『立法の理論』(Introduction to the principles of morals and legislation, 1789) であった。星は英国留学中、法学の研究を通じて功利主義学派の影響を受けたと思われるが、とくにこのベンサムの本は熟読したようである。

帰国を命ぜられる

明治十年(一八七七)一月、星は帰国を命ぜられた。というのは、諸官省の各寮を廃止して局を置き、正・権・頭・助などの官名をやめ、局長・次官・書記官などの官職が設けられた結果で、この改革のために帰国を命ぜられたのであった。

「バリスター」の位を取得

ちょうどそのとき、学科の履修程度も卒業に近かったので、正規の試験を経て卒業証書を授かり、いわゆるバリスター＝アット＝ロー barrister at law となり、英国上等裁判所に登録せられたのであった。これは日本人として、「バリスター」の位を得たはじめであった。その試験のごときは不動産法を除いてはみな優秀な成績で、その得点も高かったということである。

さて、業をおえた星は帰り支度をととのえ、アメリカを経てその年の十月東京に帰還したが、ときに二十八歳であった。

養父泰順の死

はじめ、星が英国に出発するに際して両親と夫人を旧師の何礼之にあずけ、その邸内の一棟に住まわした。その時分、何礼之の邸宅は麹町区九段富士見町四丁目にあったが、星出発の翌八年(一八七五)父親の泰順が病気になったので静養のため新たに小石川の小日向武島町に邸宅を買い、ここに移ったが、九月七日泰順は薬石効なく死没した。

明治10年ロンドンでの
記念写真（左端が星）

泰順の功績と星の出世

星はこの知らせをロンドンで聞いて深く悲しんだのであった。泰順自身は才能のある人物ではなかったが、生活に困った松子母子を引き取り、貧乏の中にその面倒をみていくことは大きな困難であったと思われる。赤貧洗うがごとき生活の中に養子たる星の将来に目をつけ勉強させたのはやはり先見の明があったと思われる。勝気な松子のすすめもあったろうが、もし泰順がこれに同意しなければ星の将来は約束されなかったにちがいない。たいていならば職人に弟子入りをして、学問をする機会に恵まれなかったであろう。星のような性格ならば職人となってもその棟梁株になったであろうが、しかし、その歩んだ人生行路はまったくちがっていたに相違ない。

3　代言人となる

国民の自主性を強調

星が英国に留学中、研究したのは法律、とくに憲法の精神であって、議会は国民公論の場所であって、政府はこれを施行する機関である。国民はみな自主的であって政治の得失を論じ、どんな政府の大官に対しても遠慮するところがないと

民主主義の発展を念願

いうことであった。星の留学した十九世紀後半の英国は、日本に比較して民主主義がよく行なわれ、人権が尊重せられており、その様子は星にとって羨望《せんぼう》にたえないものであった。これにくらべると、日本は官尊民卑の風潮が依然として盛んで、自主独立の気風が乏しく、人権の保証も十分ではない。そこで、星は日本においてもどうしても人権を伸張し、自由の気風を国民の間にひろめ、国民の品位を向上させなければならないと考えた。

低かった代言人の地位

そこで、彼はその手始めとして代言人（弁護士）の制度を確立する必要があると考えた。そのころの代言人の状況をみると、封建時代の余弊が濃厚であって、代言人の多くは江戸時代の公事《くじ》宿《やど》の番頭・手代のたぐいで、その性格は下劣をきわめ、とうてい紳士の仲間入りのできるやからではなかった。

司法省付属代言人となる

したがって、星は、この群に身を投ずることを避け、早速当路者に相談をして英国の「クインズ＝カンシル」（queen's council）の例にならい、新しく司法省付属代言人の一職を設けさせ、その地位を一段と高いものにしたわけである。そして、明治十一年(一八七八)二月二十六日、その任命を受けた。しかし、毎日司法省にはおもむくが、省の仕事をするのではなく、もっぱら普通の人の依頼に応じて訴訟の取り扱いに従事するだけであった。

代言人の地位と品位の向上に努力

その後、二年たって明治十三年(一八八〇)以来外国の法律学校を卒業したもの、および帝国大学法科卒業生が多く代言人となり、その社会的地位とその品位を向上するのに役立ったわけである。

といっても、当時はまだまだ封建的な気風が相当に残っており、官尊民卑の風潮が強く、代言人といえども裁判官の顔色を気にしてものをいう始末であった。星はこのような気風を是正しようとして、みずから公判廷で判事の反省をうながすような発言をして法曹界に大きな刺激をあたえた。

『東京日々新聞』代言人を非難

また日報社の発行する『東京日々新聞』の社説に「健訟の弊風を矯正す可し」

と題し、今ころの代言人は無知の良民を教唆《きょうさ》して、しきりに不要の訴訟を起こし、私利を求めていると論じたので、東京組合代言人はこれは捨てておけないとして組合会議を開き、星および高橋一勝を選んで惣代に挙げ、代言人の名誉のためにたたかうことになった。

初の名誉毀損回復訴訟

ここで、星は日報社社長福地源一郎に対し、名誉毀損《きそん》回復の民事訴訟を起こしたのであった。これが日本における名誉毀損回復訴訟のはじまりであった。このことは有名な新聞に関することであったので、たちまち全国の話題の種となったが、調停するものがいて示談になり、法廷の争いはなかった。しかし、当時にあっては人権の侵害に対する観念がなく、名誉毀損の意味がよくわからなかったくらいであるから、このような訴訟の提起は権利思想の啓発に役立つことが多かったと思われる。

司法省、付属代言人制度の廃止を企図

司法省付属代言人は明治十三年(一八八〇)に目賀田種太郎・相馬永胤の二名の任命

があり、星とあわせて三人となった。その後二年たって司法省はこれを裁判官に収用しようとして、まず付属代言人の制度を廃止して三人の立脚地をなくし、もし、それをきかないような場合は代言人規則によって試験をするとせまった。

目賀田・相馬の両人は内心判事になりたくなく、普通の代言人になろうとしたが、試験をするというのにおそれをなして仕方なく司法省の意向に従ったのであった。

司法省の意向に反駁

ところが、星がおくれてやってきて、「自分は司法省の意向には従いたくはない。しかし試験をするというのは、本省みずから自分の失態を天下に告白するようなものだ。もし、試験を通過しなければ、通常代言人になれないようなものを従前付属代言人の栄職を授け高給をあたえていたことを公表することになるからだ」とのべ、これを拒絶し、談判の結果ついに、いったん中絶して、さらに普通の代言人となるときは司法省の意のごとく試験を必要とするが、引き続いて代言人となるにはこれを要しないということとした。

さきに、司法省のおどしにのって、裁判官就任を承知した目賀田・相馬の両人は、これを聞いて残念がったが、ここらに星独特の押しの強さと、頭脳の鋭さがみられ、彼の持味が遺憾なく発揮されている。

通常代言人の免許を得る

星はこの結果、通常代言人としての免許をうけた。明治十五年(一八八二)二月のことである。

自由党の結党に参画

さて、明治十四年(一八八一)の政変の前後を通じて政党運動はたかまったが、自由党の結党とともに星もこれに加わり、自由民権運動の実際活動に従事することとなった。そこで、星は、代言人であって自由党員である大井憲太郎・北田正董・林和一・中島又五郎・植木綱次郎などの人びととともに、京橋区鎗屋町に法律研究所を設け、これを厚徳館と称して、自由民権運動に活動する者で法に触れたものをはじめ、無資力で無実を訴えることができない者にいたるまで、無報酬で弁

法律研究所を設立

護を行なうこととなった。その結果、厚徳館のメンバーとして加入した代言人は、四十余名の多きに達したという。

そこへたまたま起こったのが明治十六年（一八八三）の福島事件であった。

4　福島事件の弁護に立つ

愛国社と河野広中

明治八年（一八七五）一月結成された愛国社は、大阪会議の結果による板垣の再入閣によって一頓挫をきたしたが、同年十月朝鮮江華《こうか》島《とう》事件に関し、意見の相違から板垣が下野するにおよんで、ふたたび活発となった。このとき、愛国社再興に力をつくした一人が、福島県の河野広中であって、彼は土佐に板垣を訪ねて、その再興につとめた。また、河野は、福島県において、藩閥勢力打倒運動の中心となり、明治十四年（一八八一）には、県会議員となり、ついで、県会議長となった。

福島事件の発生

翌年初め薩摩の出身で、自分の管下には火付け・強盗と自由党とは抬頭させな

いという藩閥の代表的官僚三島通庸《みちつね》が福島県令として赴任してきた。福島事件は

福島事件の経過

かくて自由民権派と藩閥政府擁護者との間に起こるべくして起こったわけである。

三島は、福島県令となると、ただちに県民の反対をしりぞけて、若松から、越後米沢にいたる国道を計画し、その負担金を県民に課した。そこで、会津六郡の住民はこれに憤慨し、同年四月の県会において、河野らの指導の下に、提出された県当局の議案全部を否決してしまった。三島は、そこで内務卿（山田顕義）の指揮をあおぎ、県会の議決を無視して道路工事に着手した。そこで、県民はこの中止方を内務卿に請願したり、県会に申し出たが、ききめがないので、十月、工事中止の訴訟を若松裁判所に出した。この訴訟でも敗れたので、さらに、宮城控訴院に訴えたが、その時の代表が犯罪の嫌疑があるという理由で、福島県喜多方署に逮捕されてしまった。このことを知った県民数千人が、これを不当逮捕であるとして、十一月二十八日、喜多方署を襲撃し、これをきっかけに、河野をはじめとす

河野、国事犯として検挙さる

る同志が検挙され、国事犯の疑いありとして若松裁判所に送られた。しかも、同裁判所は、翌十六年二月、河野以下五十余名に内乱陰謀の疑いがあるという理由で、彼らを東京大審院におくり、その結果河野以下七名は、福島県福島町の無名館で、政府を顚覆する目的で内乱を企てたと認定され、ついに同年(一八八三)七月、高等法院で裁判長玉乃《たまの》世履《せいり》の裁判をうけることになった。

河野の弁護人を引き受ける

星はこのとき厚徳館代言人とともにこの事件を担当し、みずから、河野広中の弁護人となり、被告の弁護につとめたのであった。この事件は、河野以下自由党員数人が無名館に集まり、「吾党は自由の公敵たる擅制《せんせい》政府を顚覆し、公議政体を建立するを以て任となす」云々《うんぬん》の盟約を書いたというのが認定の理由である。検事の論告によると、その断罪趣旨は、政府顚覆の意思を発表すれば、すなわちこれ内乱陰謀である、というにあって、暴力を罪の要素とするかどうかはさけてこれを明言しなかった。この事件は、河野などが暴力に訴えようとする手段方法を講じた証拠がないので、論拠をこの点にすすめることができなかったのである。

弁護の趣旨

これに対する星の弁護の趣旨は、日本の刑法はいうまでもなく、その母法であるフランス刑法によるも、内乱とは兵を挙げ、軍隊を使うことであって、その陰謀といえば、謀議の管するところ、糧秣《りょうまつ》を蓄積し、卒徒を募集するなどのことにほかならない。だから内乱の陰謀には暴力に訴えようとする計画がなければならない。ところが、河野などのやったことはこれとちがっている。顚覆の文字を紙の上に書いたに止まり、兵器や金銭・食糧などの募集をもって評議の題目としたような形跡はさらにない。このような事実のともなわない空文は、内乱陰謀の罪を成さないといい、その論述は前後三日にわたり、つぶさに英仏・和漢・古今の典例を挙げ、該博《がいはく》な知識をもって、論旨明快に被告の立場を擁護したのであった。

明快な弁論

ところが、河野以下の者は無罪とならずに、判決の結果軽禁獄に処せられた。

しかしながら、星の弁論は、論旨明快にして、傍聴人を感歎せしめ、この事件は

政府の圧迫による裁判

星の代言人生活に錦上花をそえることになった。

なお、当時の担当検事堀田正忠は、後年「今から考へると、(中略) 実に気の毒な事をしましたよ」と前おきして、実は、この事件はとうてい国事犯とはいえないものであったと告白している。この事件が、政府の圧迫によるいい加減な裁判であったことは、これによっても知られよう。

5 自由党に入党する

後藤象二郎に見込まる

明治十三年(一八八〇)後藤象二郎が、外国人相手の訴訟の弁護を星に依頼し、そのことによって星の人物と人柄を知り、その才能を見出し、ともに事をなすべき人物として見込んでいた。

自由党に入党

明治十四年(一八八一)十月、自由党が板垣退助・後藤象二郎などによって結成せられると、後藤は率先して、星に、入党をすすめ、みずから紹介の労をとって、板垣と会見せしめ、あるいは大井憲太郎をやって、勧誘せしめて入党を切にすすめたのであった。星もまた、自由党の結成趣旨が自分の年来の所信と一致し、党員の性格が自分の好みにあうので、明治十五年(一八八二)の夏、ついに決心をして入党をしたのであった。しかし、このことは自由党員の多くは知らなかった。

歓呼して入党を歓迎

この年の秋、後藤・板垣の両人が、問題のあった欧米巡遊の旅行に出るのに際して、十月二十三日、党員の多くが江東中村楼にあつまり、送別会を催したが、大井憲太郎は星を連れてこの宴会に臨み、「星君、さきに入党して、今ここにあり」と紹介したので、一同、みな歓呼して星の入党をよろこび、党運の万歳を唱えたということである。

政府の弾圧と民権派の内紛

この自由民権運動の昂揚に対して、政府は弾圧・懐柔政策をもって臨み、そして、また政党自体の中にも内部対立が起こって、合法的な政党活動は衰退するにいたった。政府の弾圧は、集会条例の改正と、新聞紙条例の改正とであって、これによって、民権派は、ほとんど言論の自由を失った。また、政府の謀略によって、板垣の洋行をめぐって、民権派の中には、はげしい内紛が生ずることとなった。

党内情勢を憂う

そこで、星が党内の情勢をみると、党員の気力はみな盛んであるが、その主義・主張を一般にひろめ、その勢力をのばそうとする場合に、準備がすくなく、また活動資金もいちじるしく不足している。唯一の宣伝機関である『自由新聞』でさえ、その維持経営が困難な状況である。まして、地方遊説をする際の資金をまかなうことは、たいへんなことであるのに気がついた。

党の資金募集

ここで、星は、明治十五年(一八八二)の晩秋、個人で金一千円を党に寄付し、みずから模範を示し、大いに資金を党員有志の間から募った。しかし、この資金募集の企てはかならずしも成功しなかった。そこで、星は翌十六年(一八八三)十一月、自由党の臨時総会において金十万円を募集することを発議し、その議決をみた。と

新聞事業を個人負担

ころが、この議決も多くは実行されず、さりとて機関新聞の発行せられない状態は党の立場を不利にするばかりであるから、星はついにこのような新聞事業をあげて自分個人の負担とするにいたった。当時政府の弾圧政策によって新聞発行事業は非常に困難にあったので、この問題について、星は大いに苦労をしたのであった。

通俗絵入新聞を発行

このころの『自由新聞』は趣旨高遠で、文章難解をもってきこえていた。星が思うには、これでは自分の主義・主張を広く一般にひろめ、世間の覚醒を促すことにはならないとし、明治十七年（一八八四）の五月、別に通俗的な絵入新聞を発行し、文章をやわらかく、言葉を平易にし、記事をわかりやすくし、つとめて下層社会の人びとにもわかりやすくせしめたのであった。

自由民権思想を鼓吹

題して『自由之燈』といい、後に『めさまし新聞』と改め、内外民権家の伝記小説を掲げて、その中に悲壮・惨憺たる絵画を挿入し、大いに自由民権を鼓吹し、もっぱら下層社会の人たちにも

代言人免許を取消さる

政治の思想がわかるようにしたのであった。

このように、星は自由民権運動のために、財政的にも大いに力を尽したけれども借財が多く残り、しかも、官吏侮辱罪による新潟の入獄のことなどあって、経済的に困難におちいり、家計は不如意をきわめたのであった。野沢雞一の『我観記』には、当時の星の家計は借財山のごとく、しかも裁判による代言免許の剝奪《はくだつ》によって収入はまったく失われてしまったと述べている。星にとって痛かったのは、代言人免許の取消しによって糧道を絶たれたことであった。

三　不遇時代に入る

1　官吏侮辱罪に問われる

自由党の党風を刷新

星が入党した当時の観察としては、自由党志士はよく民権を論じ、その議論は颯爽《さっそう》として、人を服せしめるに足るが、各自の行動はややもすれば放漫に流れ、烏合《うごう》の衆たるに止まり、政党たるの機能を発揮しえないきらいがあった。したがって、星は党制を改革して党員の規制につとめたのであったが、一方武技を奨励して党員を鼓舞すべく努力した。星は好んで読書をしたが、その反面武技を好み、率先して馬を飼い、みずから騎法を学び、人びとをして武技を演習せしめた。また、剣道場を設け、剣客をあつめてほしいままに竹刀《しない》をたたかわしめ、勇気を養い、胆を練らしめた。自由党の講武場「有一館」は、ここにはじまるものである。

官吏侮辱罪で禁錮刑に

さて、星はその後、自由党の勢力を回復しようとして、近畿・関東の各地に盛んに遊説した。ところがたまたま新潟にいたり、不動院においてひらかれた地方懇談会の席上行なった「政治の限界」と題する演説が、官吏侮辱罪にひっかかり、彼は、明治十七年(一八八四)十二月十八日、禁錮刑をうけ、代言人免許を取り消されるにいたった。

貴族制度否定の大演説

不動院における会合には、東京の自由党本部から、星と加藤平四郎の両人が出席し、会合は十七年九月二十一日に、聴衆約千八百人を集めて行なわれた。席上、星は、前記の演説をし、事をロシア・ドイツにかりて、貴族制度を否定し、その言葉激越をきわめ、ついに警官による中止・解散の命令をうけたのであった。

警察への出頭を拒む

警察は、この演説が、官吏侮辱罪を構成するとして訊問のため警官を派遣して、星の出頭を求めたが、しかし、星は、有位者であるからという理由でこれを拒絶

新発田で逮捕さる

し、訊問に応じなかった。つまり、地位を利用し、警察官に召喚の権限がないといい張ったわけである。そこで、警察官は辟易《へきえき》して代理者を出すようにといった。星は「およそ代理というものはよろしく本人がなすべくしてできなかったときにはじめて用のあるものである。本件は未だ本人がなすことを要しない。したがって代理の必要はない」といい放って、翌日新潟を去って新発田《しばた》に赴いたのであった。警察官はいよいよ困って星をどうにかして出頭させたいものだと思ったがどうしようもなく、結局無理に犯罪にでっち上げようとした。そこで、苦しまぎれに一案を出し、およそ政治を誹謗《ひぼう》するのはすなわち官吏を侮辱するものであるとの牽強附会《けんきょうふかい》の説をとり、星を新発田において逮捕した。

かくして、十月十六日、公判が開始され、十二月十八日、つぎのような判決が下った。

「官吏侮辱」の判決文

被告人ハ、明治十七年九月二十一日新潟区西堀道五番町不動院ニ開キタル政談演説会ニ於テ、政治ノ限界ト題スル演説ヲ為シ、口ヲ魯西亜《ロシア》・独逸《ドイツ》ノ両政府ニ藉《か》リ、我国現時ノ施政ハ有害無益ノ如ク誹謗シ、以テ其責任アル当路ノ官吏即チ三条太政大臣ヲ始メ内務・陸海軍・文部・農商務・工部・宮内、各省卿ノ職務ニ対シテ侮辱シタル者ト判定ス。（中略）右所為ヲ法律ニ照ラシ、刑法第百四十一条（中略）ニ依リ、被告人星亨ヲ六月ノ重禁錮ニ処シ、罰金四十円ヲ附加スルモノ也。尚明治十三年司法省甲第一号布達代言人規則第二十二条十項・第十四条二項・第二十三条・第二十四条・第二十五条ニ照ラシ、被告人ヲ代言人名簿中ヨリ除名ス。

入獄、苦役に服す

今日から考えてみるとまことにつまらないことで処罰せられたわけであるが、当時はまだ司法権が独立せず、判事は行政官の指示のままであったので、星は上告しても仕方がないと思い、ただ、刑務所へ入所前に処置することは処置しておこうと考え、便宜上上告を申し立て、帰京して家事の始末をして翌十八年（一八八五）

三月一日、新潟に向かい、上告を取り下げて入所し、六ヵ月の苦役に服し、同年十月十日多くの党員に迎えられて満期出獄したのであった。まことに、剛愎《ごうふく》な星の性格からまねかれた禍いであった。星は同月十六日、上野駅着の列車で帰京したが、知人・友人などが多数出迎え、駅附近の伊吹屋ほか一軒を借り切り「自由党万歳」の四字を染めぬいた幕を張り、大いに歓迎の意を表したのであった。

2　自由党の解散から大同団結運動へ

失業・追放・入獄

明治十七年（一八八四）以後、明治二十二年（一八八九）憲法発布にいたる五ヵ年間は、星の一生のうちで、最も困難をきわめた時代であった。自由党発展のために新聞に力を入れ、遊説に努力し、私財をほとんど投じ、そのうえ新潟における舌禍事件の結果、生業を失い、そのために非常な困難に直面することとなった。あまつさえ、政府の弾圧はきびしく、突然保安条例によって東京を追放せられ、そのうえ秘密出版事件のためにふたたび囹圄《れいご》の人となり、石川島の監獄につながれるという始末であった。

自由党の解散

星が官吏侮辱の理由で警察にとらわれ、一たん保釈となり新潟にとどまっていた明治十七年(一八八四)十月、たまたま自由党は、大阪北野の大融寺において臨時大会を開き、解散を議決することになった。政府は自由民権派に対する弾圧政策ばかりでは、その抬頭を阻止することができないと考え、一方においては懐柔政策をとり、あるいは民権党の同志打ちをさせるような策略に出た。政党は、その成

自由民権運動の不振

立早々、その基礎の固まらないうちに、政府の攻撃をうけ、外にはその勢力日々にちぢまり、内には、自由・改進の両党が争うにいたり、自由民権運動は一時大いに不振におちいった。したがって、自由党は、党首板垣の帰国後、解散して再挙をはかるべく、この行動に出たのであった。

星はこの事情を新潟で聞いて、その決議を中止させようと思い、新潟地方の党

員はあげて解党に反対すると決議し、とくに西潟為蔵を大阪に派遣して党議を徹回させようとはかった。しかしながら、ときすでにおそく、党の大勢は解党へおもむいて、どうにもならないような状況であった。

自由党の解散を惜しむ

西潟は、解党を非として、「仮令《たとい》水火に投ずるとも初心を貫徹せざる可からず」と主張したが、党内においてこれに賛成する者は四－五名に過ぎなかったという。星は自由党の解散したことを非常に残念に思い、善後策を講じようとしたが、新潟にあるためにどうしようもなく、わずかに以上のような措置がとれただけであった。

星はその後、しばらくの間海外諸国の憲法を翻訳し、『各国国会要覧』を刊行する等の著述に、その生活の大部分を打ち込むこととなるのである。

新党結成に乗り出す

しかし、政界の状況は、星をして座視せしめず、一大政党を結成しようとする機運が生まれ、明治二十年(一八八七)十月、自由民権派の人たちは全国有志大懇談会

後藤象二郎

を、東京浅草の井生村楼において開いたのであった。星は、この日、まず立って開会の辞を述べ、「小異を捨てて大同に就くべき旨」を主張し、「民権派の大同団結の必要」を力説した。そして星は、このような会合を大阪・京都・金沢においてひき続いて開催し、人心を鼓舞《こぶ》して政論を喚起し、東奔西走、政党作興に努力したのであった。

後藤をかつぎ大同団結ののろし

そして、運動の盟主として後藤象二郎をかつぎ出すことを思いつき、後藤も乗り気となり、ついに同年十月芝公園の三縁亭《さんえんてい》において後藤を中心に、いうところの大同団結運動ののろしを上げた。

後藤の招集した大同団結運動には、自由党系の政治家も、改進党系の政治家もあり、そのあたえる影響はきわめて大きかった。しかし、従来相対立し抗争してきた両派のものが、急に気持の上でしっくり打ち解けるはずはなく、早くも翌四日の懇親会において、わずかの言葉のゆきちがいから、改進党の沼間守一と、星派との間に、乱闘騒ぎが起こるという始末であった。

天皇に政府弾劾を上奏

しかし、このような波乱はあったが、後藤の大同団結運動は一応の発展をみせた。同年十二月には、後藤はこの運動をバックとして、尾崎行雄らの説を容《い》れて、明治天皇に拝謁して意見を上奏しようとさえ図ったが、宮内大臣土方《ひじかた》久元がこれを阻止したため、この挙はついにならず、後藤はやむを得ず上奏文を出して退いたのであった。この上奏文は、自由民権運動左派の論客、中江兆民の書いたもので、政府の失政を糾弾《きゅうだん》し、論旨すこぶる鋭く、弾劾上奏文中の傑作であるといわれた。

建白運動盛ん

一方、地方有志の上京建白運動は日々盛んとなり、これらの人びとは租税を軽減せよ、言論・集会を自由にせよ、外交の失敗を挽回せよというスローガンを掲げて気勢を上げたが、後藤はこれらの有志と丁亥《ていがい》倶楽部《クラブ》に会し、あるいはこれを高輪の私邸に集めて激励を怠らなかった。それではなぜこのような政情が生まれてきたのであろうか。それは主として条約改正問題に関してである。

3 条約改正の動き

不平等な条約

徳川幕府は幕末において、列国との間に修交通商条約を結んだが、その内容は不平等なものであった。つまり、治外法権を列国に許容し、関税においても自主権のないものであった。そこで、これを改正しようとする動きが政府の部内から起こったが、明治政府の力ではどうしようもなかった。要するに国力の不足からである。あまつさえ、明治政府になってからも、幕末の条約よりはもっと不平等な内容のものを列国との間に結ぶような始末であった。明治政府はハワイのような太平洋上の一孤島にすぎない王国とも、先方に有利な不平等条約を結んだのである。

欧米視察に使節団派遣

ところが、安政五年(一八五八)ハリスとの間に結んだ通商条約の改定の期限がきたので、政府はこれに先だって改正を思い立ち、さらに欧米の制度・文物を視察するために、明治四年十月岩倉具視を全権大使として、大久保利通・木戸孝允《たかよし》・伊藤博文・山口尚芳などを全権副使とする使節団を派遣することになった。

この岩倉大使一行は、欧米の状況をつぶさに視察して帰国したが、彼らの脳裏に刻み込まれたものは、欧米の進んだ制度・文物をいかにして日本に輸入し、日本を近代化するかということであった。そして、条約改正の問題は、国内の条件が整わなければとうてい不可能であるということを知るにいたった。

岩倉大使一行が帰国して、まず直面したのは、征韓論であったが、これは彼らの説が入れられて、ついに中止となった。このとき外務卿をしていた副島《そえじま》種臣は、征韓論を主張して退き、かわって寺島宗則が外務卿となった。

寺島宗則の辞職

寺島宗則は、アメリカとの間に関税自主権を回復したが、しかし、治外法権撤廃を伴わない関税自主権だけの回復に対して民間から反対が起こり、寺島は世論の反対にあって辞職せざるを得なかった。

井上馨と「鹿鳴館」

かわって、外務卿の地位についたのは井上馨であるが、井上は鋭意改正に努めたのであった。ところが、当時の政府の当路者は、外国をして条約改正に応ぜしめるためには、日本は文明国であるという印象を外国人にあたえなければならないと主張し、いわゆる欧化政策を採用し、鹿鳴館《ろくめいかん》において、舞踏会・夜会を催し、外国人をして日本も文明国であるとの意識をもたしめようとした。ところが、このような政府当路者の欧化政策はただ外見的なものであって、一時を糊塗《こと》したにすぎず、たちまち国粋主義者の反撥を招き、井上の条約改正事業自体も、非常に危なくなった。

改正反対論高まる

政府はこのような欧化政策を行なう一方、秘密政策をとったので、国民は改正談判の内容について、これを知ることができなかったが、この改正の成果がまさに結ばれようとしたときに、反対論が政府の内外から起こってきた。当時、各種の意見書が、秘密文書として一般に頒布されたが、これらの文書が作成頒布された理由は、自由民権派や国粋主義者が、これによって藩閥政府崩壊を促進しようとしたにある。

星、秘密文書を作成

解党以来、しばらく静観していた旧自由党の一部が、井上の条約改正の失敗に基づいて、政府に対する非難攻撃のようやく高まるに乗じて、なにごとかを起こそうとしはじめた際、星は荒川高俊・林包明《ほうめい》などの人びとと、内閣打倒の一手段として秘密文書を作成したのであった。

4　三大建白事件

内閣打倒の大運動

旧自由党の面々は、星を中心として内閣打倒の大運動を起こしたが、改進党からは尾崎行雄がこれに加わった。三大建白運動がこれである。すなわち、地租軽減、外交策挽回、言論・集会・出版の自由を建白しようとして、上京する者が出てきた。塩田奥造の談話によれば、この三大建白は、最初は条約改正反対の一本槍であったが、勢力拡大の必要から租税軽減・言論の自由の二項を加えたのだという。

政府部内においても、井上をはじめ長州派の人びとは、条約改正を断行しようとしたが、黒田清隆・寺島宗則をはじめ、薩摩派の人びとはこれに反対をした。

星の秘密文書事件

星の秘密文書出版事件は、この際に行なわれたのであった。

星の秘密文書の内容は、小金井権三郎の談話によれば、その一部は寺島宗則より出たものであるという。しかし、『自由党史』によると、その内容は、板垣の封事、谷・勝などの条約改正反対意見を主とし、寺島よりの情報とは異なるものであったという。いずれにしても、星は、これによって広く同志の士気を鼓舞しようとし、大阪にいた東雲《しののめ》新聞社社長寺田寛に謀り、秘密のうちに数千部の文書を印刷し、星は、そのうち、二千部を東京および北陸地方の同志に頒布したという。このことが後でわかってきて、星は保安条例による追放後、横浜において検挙せられ、軽禁錮一年十ヵ月、罰金五円に処されて、入獄することとなったのである。

保安条例で東京を追われる

この前、民間の有志は、政談演説会を開いて政府の行動を批判したが、連日の運動の容易にその効果の上がらないのにあせって、片岡健吉・星亨の両人を代表として伊藤博文首相に直接交渉を行ない、場合によっては非常手段に訴えることも辞せないほどの態勢を示したのであった。そこで、片岡と星は、明治二十年十

片岡健吉

二月二十六日をもって伊藤首相を訪問すべくきめた。ところが、間一髪、政府は十二月二十五日をもって、突如として保安条例を発布して、即日これを施行するにいたった。この保安条例によって、星は尾崎行雄・坂本直寛らと同じく、三年間東京から退去を命じられた。

渡航寸前に逮捕さる

　保安条例によって東京を追放された星は、このときを利用して、かねてから希望していた欧米各国の巡遊を思い立ち、後事を同僚に託して、明治二十一年（一八八八）三月三日を期して、アメリカを皮切りに、欧米各国巡遊の旅に出ようとしたわけであるが、横須賀における送別の宴におもむいたときに、秘密出版事件によって、逮捕されることになった。

不当な判決でまたも入獄

裁判所によると、星のこのときの罪名は、彼が大阪において寺田寛に依頼して公けにしない政府の文書を印刷せしめたということと、星が出版条例違反者たる熊谷平三という人物を隠匿《いんとく》したということとであった。しかし、このような事実を認めうるかどうかには多くの疑問があったにもかかわらず、裁判所は、明治二十一年(一八八八)七月三日、その罪は明白であると称して、星を石川島の監獄に入獄せしめた。星にとっては、思わざる災難だったといえよう。

獄舎に豪傑会す

当時、旧自由党員の中には、出版条例、ないし保安条例違反で入獄する者が多く、それらの人びとは、だいたい石川島の監獄に入ったので、一棟全房、自由党員で充満し、そのために一廓をなすにいたるというありさまであった。そして、典獄は、星および片岡健吉をもってその命令を囚人に伝えさせる伝告、加藤平四郎をもって菜を分かつの仕事をさせたから、かつての党の「頭目」は、依然として獄内の「頭目」の役割を果たすことになった。また、党の「幹事」も、依然監獄の中の「幹事」の役をつとめたから、あたかも自由党幹部を獄内に移したような観があり、石川島監獄開設以来、このように多数の豪傑の集まったのも、はじめてのことであったといわれている。

獄中で猛勉強

当時の獄則はきわめて峻厳で、疾病があっても容易に横臥を許さず、看守なども、しばしば囚人に暴力をふるい、時あたかも厳冬に際し、その苦痛は口舌にいいがたいほどであった。しかし、星はこの獄中において、相変わらず読書を続け、「朝は旭光の未だ鉄窓に画せざる時より、夜は檻室の薄暗くしてほとんどその文字の判別しがたきにいたる時まで」書籍を手放さなかったという。獄中より津奈子夫人にあてた手紙によると、差し入れるべき書物の名前がずらりと書いてある

外国語研究に没頭す

が、その中にはドイツ語・フランス語・イタリア語・英語などの本があり、とくにこれらの国の語学研究のための辞典・文法書がめだっている。またその中には、

星の蔵書のほかに、新たに購入を望む書籍が含まれており、米国その他の書店から取り寄せることを望んだものすらみえている。

このように獄中から外国へ書物の注文を出している囚人もめったにないであろう。いかに星が読書に熱心であったかは、これをもってしてもうかがわれる。

このとき入獄した者の多くは星に先立って収容せられたものであるが、はじめはなかなか元気であった。しかし、時日がたつと悲しみや悔みがこみ上げてきて、ある者はキリスト教の信者となり、神に祈るような始末であった。しかし、星は泰然自若《じじやく》として和漢洋の書物を読み、いささかもひるむところがなかった。そして、同囚の中の気の弱い者を元気づけ、その模範的存在となっていた。

5　憲法発布と星の出獄

憲法発布に異常な関心

さて、明治二十二年(一八八九)二月十一日の紀元節を期して憲法が発布され、星は憲法発布による大赦によって青天白日の身となることができた。この日、石川島まで同志の者は出迎えたが、このとき憲法および付属法令の官報号外を星に渡したところが、星は取る手もおそしとこれを見、渡船中にても車中にてもこれを見ながら、築地の私宅に戻ってきたということである。星がいかに憲法発布に重大なる関心を寄せていたかということがこれをもってしてもわかる。

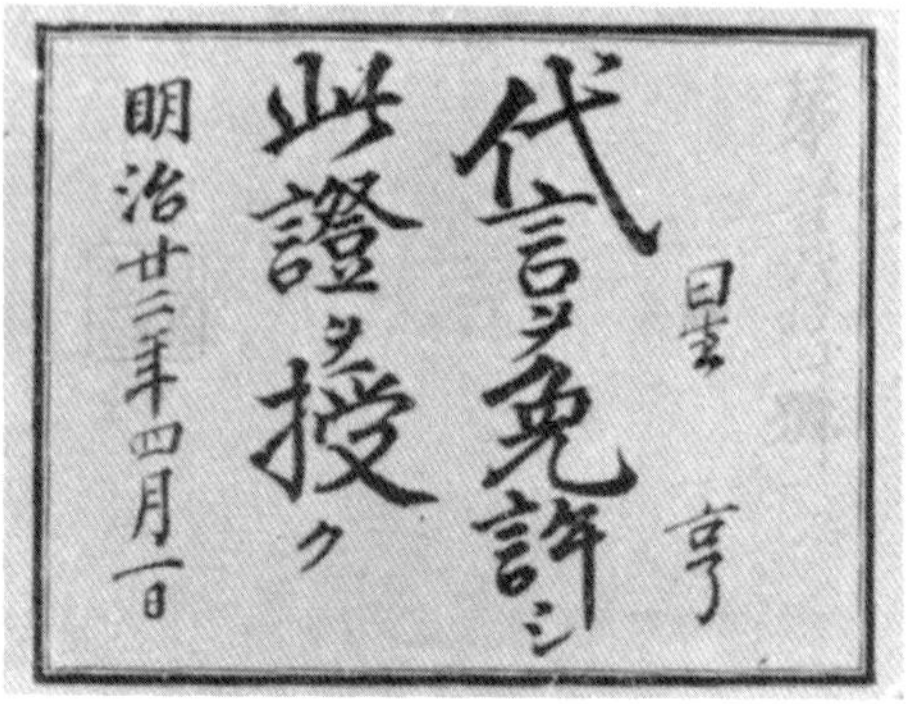

星の代言人免許証

大赦で公権旧に復す

大赦はただその刑だけでなく、その罪をもあわせて免ずるものであるから、前の官吏侮辱および条例違反もみなその罪科は消滅したのであった。そのため、星の公権は旧に復した。よって同年三月、彼はさらに代言人の免許をうけ、ふたたびそれを生業とするにいたった。

衆議院出馬準備

また、明治二十三年（一八九〇）を期して国会を開設する旨の詔勅はすでに明治十四年に発せられていたが、星は、塩田奥造をはじめとする栃木県有志の勧告をいれ、明治二十年（一八八七）五月、戸籍を同県宇都宮市に移し、衆議院議員に立候補する準備をはじめた。

かくして、星は国会開設後第二議会から衆議院議員としてふたたび政界の第一線に立つことになるわけであるが、その前に、彼はかねてからの念願であった外遊に出かけることになった。

四　国会開設と星の外遊

1　国会開設前の政情

欧米再遊の旅へ

出獄後、星は熱海に二週間ばかり滞在して体を保養し、帰京して代言人の免許を受け、そのほか党の用などを片付けて、欧米再遊の旅に出かけた。

後藤、同志を裏切る

さきに、大同団結運動を野《や》に展開して気勢をあげていた後藤象二郎は、憲法発布の日から一月もたたないうちに、突如として藩閥の出身たる黒田清隆内閣に入閣し、同志の期待を裏切り、その憤激を買った。これは憲法発布の当日、文部大臣森有礼《ありのり》が刺客《しかく》の手によって倒れたため、閣僚の地位に移動を生じ、遞信大臣の空位を埋めるものであったというが、このことをきっかけにして、分裂の機運に

大同団結運動の分裂

あった大同団結運動は、ついに、政社組織にしようとする大同倶楽部と非政社組織にしようとする大同協和会とに分裂をするにいたった。すなわち大同倶楽部の主なるメンバーは、末広重恭・前田案山子《かがし》・犬養毅《つよし》・井上角五郎・植木枝盛《えもり》・河野広中・村松愛蔵・小林樟雄《くすお》などであり、大同協和会は、大井憲太郎・内藤魯一・新井章吾などが、これをリードした。ところが、大井憲太郎などの大同協和会は、その後大阪において自由党を再興することにきめたが、明治二十三年（一八九〇）一月、東京において結成式をあげ、主義・綱領・党議などを決定した。

一方、大同倶楽部も、大同協和会につづいて東京において大会を開き、党議を決定したが、さきに大同倶楽部と大同協和会との合同を計画して、愛国公党を組織しようとして失敗した板垣退助は、その後両派の動向いかんにかかわらず、ふたたび愛国公党を組織する理由を発表し、関西地方を遊説し、五月に東京において組織大会を挙行した。

大同団結なる

そこで、国会開設前の政党としては、自由党・大同倶楽部・愛国公党の三者が鼎立《ていりつ》する形になったが、その後これら三者の間に合同の話が進捗し、庚寅《こういん》倶楽部として大同団結することになった。

第一回衆議院選挙

さて、第一回の衆議院選挙は、明治二十三年(一八九〇)の七月一日、挙行せられた。しかし、制限選挙であって、日本国民であって、直接国税十五円以上納める者でなければ選挙権が得られなかった。有権者の数は四十五万で、総人口は三、九三八万であったから、有権者数は全人口の一パーセントあまりにすぎなかった。しかし、このときの選挙において当選した議員は、三十代の者が約半数を占め、平均年齢は四十二歳四ヵ月という若さであった。

立憲自由党の発足

一方、衆議院の総選挙が終わると、九州同志会は、愛国・自由の両党をすでに解散し、改進党の中にも解散説を唱える者があるので、この機会に従来の組織を解体して、進歩派同志の大同団結をはかろうとし、協議の結果、「立憲自由党」

を組織することになった。しかし、この立憲自由党が成立したものの、従来の派閥対立はいっこうに解消せず、内部的な対立がつづくのである。

尾崎ら大成会を組織

一方、改進党の残留組である尾崎行雄・中野武営・藤田茂吉などは、同党の臨時党大会を開いて国会に臨む態勢をととのえ、さらに、中立派・国家主義者・保守主義者・官僚派などは「大成会」を組織し、国権拡張を唱えた。

国民自由党結成

自由主義を標榜する立憲自由党に対して、国民の自由を主張する国家主義者があつまって、「国民自由党」を組織した。かくして、第一回の国会開設に当たって政党政派の陣容は形式的にととのったけれども、内容的にいうとかならずしも近代的な政党として整理されておったわけではなかった。派閥対立を内包し、常に分裂の機運をはらんでいたといえよう。

2 外遊

外遊の成果

星は立憲自由党の結党式からしばらく後、十月五日、欧米周遊を終わって東京に帰り、同党に加盟したが、この間、横浜をたち、カナダのバンクーヴァーを経て、カナダからアメリカに渡り、それからヨーロッパにおもむいて、フランス・イタリア・イギリスなどを巡遊し、ドイツに渡り、ベルリンでドイツ語の会話などを学び、行く先ざきで国ぐにの政情を知り、あるいは書物を読み、書物を入手し、ときには日本よりの新聞・雑誌・書籍などを取り寄せて、ヨーロッパにおいて国会開設の状況を知ろうとつとめていた。こうして外遊の間、例によって読書はもちろん、各地に遊んで見聞するところ多く、後年自由党を指導し、所信を行なう成果をおさめたのであった。

帰国演説で国是を強調

星が帰国後、欧米巡遊中見聞した知識を発表した機会は多かったが、そのうち、立憲自由党員の間で開催した帰国祝宴会の席上行なった演説がもっともその要領を得たものであった。

対清外交の基本を説く

すなわち、まず欧米諸国の現状を述べ、日本と欧米の国ぐにとは建国の状態もちがい、歴史の事実もまた同じでないから外国から模倣するものはすくない。だから日本は良心の指すところ、史実のゆるすところにしたがって国是《こくぜ》を定めるべきである。そもそも国家永遠の長計を定め、国民の栄昌を子孫に残すには国際問題を重視しなければならない。そこで、まず第一に清《シン》国（中国）に対する方針はどうかというに、清国は日本に隣接する大国であって、世界の重視するところであるが、その敗亡はとりもなおさず日本の独立を危うくするものである。もし、清国にして日本と歩調を一にしてともに文化の域にすすむとするならば、すべからくこれと友好関係を結び、韓国問題の解決にあたるべきである。もしまた、清国にして長く惰眠をむさぼって自覚しなかったならば、日本はすすんでこれを征伐し、日本の進路を除き、日本の独立と文化とを全うすべきである。イギリスやロシアに対してもまたそうであって、イギリスに当るか、ロシアにあたるか方針を

軍備拡張の要あり

一定してその一つと同盟関係を結び、ひとたび東洋になにごとか起こった場合、日本は同盟国とともに交戦者となって戦勝の利にあずかるべきである。その際、中立の立場をとって人のために労するのは「迂愚《うぐ》の極」である。この大きな目的を達成するためには海陸の軍備を拡張しなくてはならない。軍艦は少なくとも英国東洋艦隊に負けないようにし、陸上設備もまた優に外国の侵攻に対してこれを拒否できるほどの力をたくわえる必要がある。従って、「金銭惜しむに暇あらず」財政をこれに用い、増税をすべきである。

海外移住と人口対策

第二に人口を海外に移植すべきである。およそ自国の国民が海外におれば、国産品の輸出をうながし、貿易通商の場合、便利である。かつ、日本の人口は年々歳々増加の度を加え、殖産《しょくさん》工業の進度がこれに伴わず、窮民が増加して罪人が多くなり、遠からずして人口問題は国家の一大問題になるであろう。植民地を得るには買収と攻取との二つの方法がある。そして、欧米各国において人種離合の争う国が併呑《へいどん》の勢いについて考えてみると、日本の現状は国土がせまく、将来の独立を維持するに足りない状況である。忌憚《きたん》なくいえば、台湾・韓国をはじめ、清国の東海岸を併領した方がいい。

条約改正の方法論

第三は条約改正のことである。その改正たるや、彼我対等の条約をいうことはもちろんである。しかも、政府の従来の方法では成就できない。外交官の無能なるもの、才能とぼしきものを淘汰《とうた》して優秀な者を選び、これを一種の「技芸官」とし、その地位を保証して容易に他官にうつさず、その仕事に熟達せしめ、またその俸給を大いにあげ、さかんに駐在国の政治家・政党員・新聞記者と交際せしめ、そして日本の国情を知悉せしめ、かたわら一―二の新聞を利用し、もって啓蒙活動の任にあたらしめ、かの国民の世論を動かし、同情を求めることが必要である。このようにしてはじめて対等条約は得られるであろう。しかも、なお、対等条約は前途遼遠《りょうえん》であってむつかしいならば、治外法権撤廃のことはしばらくこ

関税自主権の確立を

れをおき、ひたすら関税自主権を確立すべきである。現在の税率は幕府時代のものであって、貿易上だけでなく、人身上においてもまだ外国人の安全を保全できないときに締結したものであった。ところが、いまや裁判・警察の制度だけでなく、燈台・埠《ふ》頭《とう》以下航海・碇泊の設備もほとんど完全になったから、外国人がまだ旧態を維持しようとするのは理由のないことである。かつまた、各国ともおおむね税権の回収には異議のない状況である。だから、まず税権を回収して税源をひろめると同時に、保護関税主義をとって内国工業の発達をはかるべきである。

保護関税主義

以上のことは国家の大事であって日本民族全体の利害に関する事柄である。政府たると民間たるとの別によって行動を左右すべきものではない。いやしくも日本人であったならば、相共に協力して共ども事にあたるべきである、というにあった。

現実的な力の政策

星の考え方は現実主義的であって、国際政治の Power Politics の中に入って大いに国威をあげるべきであるというわけである。そのためには旧来の陋習《ろうしゅう》である「薩長独占」の姑息《こそく》な態度を脱却し、「責任内閣」の実をあげ、上下心を一にして万機公論に決し、庶政民意の向かうところにしたがって行なうべきであって、そうでなければ、内政を充実し外交を対等にすることはできないという主張である。これが、星の外遊後の所信であった。彼はこの所信をいだき、新知識をもって実際政治に取り組もうとするわけである。

3　星の勢威高まる

国民自由党を蹴る

さて、星が立憲自由党に加盟後、最初に起こった問題は、前田案山子・山際七司等々、後藤象二郎系の者が、「国民自由党」をつくって政府の閣僚であった後藤と呼応しようとし、星を迎えてその謀主にしようとしたことである。しかし、星はこれを拒否し、これらの人びとは党から除名されることになった。

民党側、予算で主張通す

かくて、第一回の国会が開かれることになったが、このとき一番問題になったのは予算のことであった。すなわち、政府は歳入・歳出ともに八千三百万円の予算を提出したが、民党側はその歳出より約八百万円を削減して、査定案の通過をはかった。「政費削減」「民力休養」ということは民党年来の主張であるが、この査定には、あきらかにその主張が反映された。

予算削減に成功

このとき立憲自由党は、地租（固定資産税）の軽減とともに、政府予算案より一千万円を削減することをもって党議としていた。ところが、議員のなかに政府と内通する者があって党議に従わず、院外の党員との間に意見の不一致をみたので、星は党の常設委員として、削減額を八百万円におさえた。このようにして、査定案は、立憲自由党員「衆心一致」の支持をうけ、二月六日以後破竹の勢いをもって、予算委員会を通過するにいたった。

予算案は、委員会より、全院委員会にうつり、最後に本会議の日程にのぼった。

しかしここにいたっても、首相山県有朋は、その削減に応ぜず、ここに政府対民党の一大対立をかもし出すにいたった。

薩長藩閥と自由民権派

明治十年代においては、薩長藩閥勢力の支配する政府と自由民権派の対立抗争が非常に激化し、イデオロギー的にも、実践運動としても、対立がめだったけれども、国会開設以後は、その藩閥政府対自由民権派の争いが、結局、国会に持ち込まれて、予算案をめぐる政府対民党の争いに転化されることになった。民党の方は予算案をとらえて政府攻撃の材料に使ったわけである。

両勢力の分裂と統合

しかし、この間に見のがすことのできないことは、十年代に顕著であった藩閥政府対自由民権派の対立抗争が、結局、藩閥の一方と自由民権派の一方、藩閥の他方と自由民権派の他方の集団的対立に分裂していく傾向が出てきたことである。すなわち、長州閥と自由党系のものが結びつき、薩摩閥と改進党系のものとが連らなるようになった。

大隈重信の入閣

それは国会開設前に改進党勢の首領たる大隈重信が黒田清

隆内閣に入閣して条約改正の任にあたることになったことが機縁になっている。当時大隈は直接改進党とは離れていたが、しかし、改進党勢の最高の実力者であったことはいうまでもない。この大隈の入閣によって、薩摩系統の黒田内閣はその与党として改進党系のものをもつことになったわけである。したがって、明治二十年代に入ると、十年代にみられたような藩閥政府対自由民権派のイデオロギー的対立を通じて、この間の政治をみるわけにはいかなくなったのである。大隈の条約改正は失敗に終わり、彼自身玄洋社々員来島《くるしま》恒喜の投げた爆弾の犠牲となって負傷することになり、代わって長州出身の山県有朋が組閣することになったが、この山県内閣による自由党土佐派の切りくずしが行なわれ、山県内閣は買収工作によって民党のほこ先をかわすことができた。

政府の民党切り崩し

この時政府の買収工作によって軟化した議員は主として土佐派の人びとが多く、これによって竹内綱・片岡健吉・林有造・三崎亀之助・小林樟雄・植木枝盛など二十八名の者は立憲自由党を脱党することになった。そして、特別委員をあげて政府と交渉すべしという動議が提出せられ、交渉の結果約六百五十万円を削減する修正案が成立し、ここに政府の民党切りくずしは一応の成功をおさめたのであった。

立憲自由党の苦境

さて、第一議会において、立憲自由党は、大量の脱党者を出したことをはじめとして、しばしば苦境におちいったが、その理由は首領がなく強い統制力をもっていないということに求められた。すなわち、立憲自由党は、その成立において幾派の連合体から成り、党務は五名の幹事でとり行なわれていたが、多頭政治の弊害はしばしばあらわれ、切に首領を求める声が高まってきた。主にこの説を唱えたのは、星亨・河野広中などであって、星は、このころ、立憲自由党の演説会において、党を強固なものにするためには、第一に「党中に中心力を造り、運動をして一律に出でしめ」、第二に「精神上の結合を鞏固にする事」が必要である

板　垣　退　助

と述べ、盛んに総理制の確立を主張し、具体的には、板垣退助をもってこれに当てようと意図した。

板垣総理案をめぐって

しかし、板垣の総理就任には、さきに土佐派軟化の一件があり、板垣は立場上離党を決意していたほどであるから、大きな困難があった。河島醇一派・大井憲太郎派は、とくに強くこれに反対し、大井は院外の勢力を利用して反対の声を強めることにつとめた。

院外党員のさばる

このころ立憲自由党には、院外党員と議員との間に争いがあって、議員が、弥《や》生《よい》倶楽部をつくれば、院外党員は大井などにひきいられて二七会等々の会をつくり、これに対抗した。そして、院外党員の方は議場には出ないが、しかし、党内において優勢な地位をしめており（第一議会召集直後においては、党内幹事五名のうち、院内党員は二名にすぎず、評議員六十九名のうち、院内党員は三十一名に過ぎなかった）、かつ議会解散によってなんらの不利益をこうむらないために、彼らは、対政府政策において、実現不可能な強硬論をはいて、院内議員に圧力を加えた。そして、その圧迫のはなはだしさは、ついに政府をして保安条例を発動せしめたほどであった。大井はこの勢力を利用して、党内における発言権をたかめようとしたのである。

板垣を総理に「自由党」と改称

しかしながら、党内の大勢はしだいに星らの主張に傾き、立憲自由党は明治二十四年（一八九一）大阪において大会を開き、板垣を総理とすることを決議し、同時に星の発議によって「立憲」の二字を削って、単に自由党と称することに決定した。この時、もちろん大井たちは星の意見に反対したが、板垣は多数の支持をえて総理に就任した。星の計画はここにいたって成功し、自由党内におけるその勢威は非常にたかまった。

大井、自由党を離る

当時の『東京日々新聞』に、この大阪大会の模様を報道した記事が出ているが、「星亨の策謀悉く図に当る」という見出しをつけ、「されば兎《と》に角《かく》、今度の手際は中々巧妙なものにして、今日は反対者も党中に此策士あるを却て喜ぶべき価値あらんか」と述べている。星の策がどれほど巧妙であったかが知られよう。これに反して、右の記事によると、大井はまったく無策そのものであったようで、このことをきっかけにして党内における星の勢力の比重はたかまり、大井の方はその勢力が落ちていった。要するに、政治は理論だけでは動くものではない。大井はすぐれた理論家であったかもしれないが、しかし、その政治力は星に比較してはるかに劣っていたといえよう。したがって、大井はその後、自由党から離れ国家主義的な方向をたどることになる。

五　衆議院議長時代

1　松方内閣の選挙干渉

山県から松方へ

第一回の国会は予算問題で相当紛糾したが、政府当局者の対議会政策の成功と、一部議員の軟化・妥協によって、解散ないし総辞職もなく、政府は難関を切り抜けることができた。

しかし、山県内閣には、その後、行政整理の断行、その結果節減しうる金額の使用に関する諸問題、閣内の不統一、および元老による閣外よりの制肘《せいちゅう》などの難関があって、公約の履行の見込みがなかったので、結局、総辞職をすることとなり、首相は薩摩出身の松方正義に引き継がれることになった。

ロシア皇太子暗殺未遂事件

この松方内閣ができてわずか数日にして、滋賀県の大津で、ロシア皇太子暗殺未遂事件が起こり、閣僚のメンバーに移動があった。すなわち、内相には山県の推薦によって長州の品川弥二郎がすわり、彼はその次官に辣腕《らつわん》をもってなる白根専一を起用して、民党に相対する体制をととのえた。

自由党、反政府の中核に

これに対して自由党は、先述のように板垣を総理にすえて、新たなる陣容をととのえ、第二議会に対する方策を立て、改進党・自由倶楽部・無所属代議士に働きかけて、政府反対の気勢を上げたのである。また、党内左派の論客であった中江兆民は、この時、自由・改進の両党の提携の必要を板垣に説き、板垣・大隈間の橋渡しをつとめ、ここにおいて、自由・改進両党の提携・連合は促進せられることになった。

かくして明治二十四年十一月第二帝国議会は召集せられたが、依然として予算案をめぐる政府対民党の対立は続き、ますます激化する勢いにあった。

選挙干渉激烈を極む

自由党は第二議会に臨むに際して予算案の大削減の方針を立て、政府提出に係わる予算の歳出八千三百五十万円より、約八百万円を削減する査定を行なった。そして、この予算は、本会議においてわずか七日の間に審議可決され、民党は凱歌をあげたのであった。ところが、政府は、同年十二月突然議会の解散を断行し、ここに内相品川弥二郎・次官白根専一のコンビによる選挙干渉が開始せられた。この選挙干渉は、品川みずからいうように「寒中に血花を散らす」ごときものであって、死亡した者二十七名、負傷者三百八十八名と公表せられ、内輪に見積っても、数百名の死傷者を出すにいたったほどである。

憲政史上の一大汚点

しかも政府は、この選挙費用調達のために、そのころ宮内省で着手中の赤坂離宮新築特別会計の中から、その費用を不当に流用したということである。したがって、この選挙干渉は、デタラメ至極なものであって、日本憲政史上、ぬぐうべからざる汚点を残したといえよう。

政府内部からも批判

しかし、この手段を選ばなかった選挙干渉も、政府にとってはあまり好結果をもたらさなかった。政府は選挙前に比較して、若干与党議員を増すことができたけれども、決して予期したほどの成果をあげることはできなかった。そしてこの日本憲政史上類例のない選挙干渉に対しては政府の内部からも批判が出た。その結果、ついに品川は憤然として辞職し、後任には枢密院副議長の副島《そえじま》種臣がなったため、政局は小康状態を得た。

星、横堀と決戦

星はこの選挙に際して、はじめて栃木県第一区より出馬したのであった。栃木県第一区よりは、前回自由党の横堀三子《さんし》が当選しており、この選挙に際して自由党は、前議員を優先的に当選せしめるよう、各地方支部に通達していた。したがって、星は最初彼と交渉して、将来多くの便宜・利益を与えることを約束して、その再出馬を阻止しようとし、一度は横堀の承諾をえた。ところが、横堀は、星の宿敵大井憲太郎などの策動によって前言をひるがえし、ここに選挙は、違約を

激戦の末星当選

いかる星派と、前議員優先主義をとなえる横堀派との決戦となった。

選挙戦の様子は横山又吉の手記によると、激烈をきわめ、両派ともに子弟・壮士を動員し、「腥《せい》風《ふう》雨《う》血《けつ》の惨を見ん」としたこともしばしばであったという。ある時は星みずから横堀の事務所にのりこみ、反対派壮士を威圧したことすらもあった。横堀は、もともと土着の人であったから、郷党隣里に知人が多く、選挙戦初期においては有利な地位にたっていた。しかし、星の声望はしだいに横堀を圧し、かつ自由党は、前議を廃して、前議員の優先権を認めず局外中立の態度をとるようになったので、星派はさらにその勢力を増していった。そして、この選挙は結局、相手方の横堀三子が一四〇五票とったのに対して、星は一八二三票を獲得し、約四〇〇票の差で勝利をおさめた。ときに彼は四十三歳であった。

2 議長に当選する

岡崎の尽力で議長に

岡崎邦輔

解散後の第三議会は明治二十五年五月二日召集せられ、衆議院の議長には星亨、副議長には曾禰荒助が当選した。

この星の議長就任に動いたのは岡崎邦輔であり、岡崎の背後には陸奥宗光がいた模様である。岡崎と陸奥とは親戚関係にあり、岡崎は星の人物についてかねがね尊敬していたので、いろいろ策略をめぐらして、星をして、議長に就任せしむることに成功したわけである。松方内閣の農商務相陸奥宗光は選挙干渉に不満のため同年三月辞職したが、和歌山県選出の新議員全部を自己の配下に結集し、これを主力とする「独立倶楽部」をつくった。星衆議院議長はこの「独立倶楽部」が推進力となって、実現したのである。

星が衆議院議長に当選したので、五月三日自由党はその事務所において祝賀会を開いたが、席上板垣は星の当選を祝うとともに、星が仕事をあまり「やり過ぎ」無用の反感をかわないように注意をあたえた。しかし、これに対する星の答えは、「やり過ぎないように注意する」とともに、「幾多の艱難に打ち勝って所信を断行する」ということであった。

衆議院議長時代の星（43歳）

議長就任の弁

星は明治二十五年（一八九二）五月四日、はじめて衆議院議長の席についた。そして、書記官長水野遵《じゅん》の紹介についで、就任の挨拶を述べたが、それは大要つぎのような内容のものであった。

自分は実に自由党員である。しかしながら、議長の仕事は帝国議会の公事である。

一党一派に偏せず、不偏不党、もって公平にやろうと思う。もしそうでない点があったらどうか匡正《きょうせい》してもらいたい。自分はかならず改めるだろう。

不偏不党の名議長

星は従来自由党の闘将として政府に対抗してきたので、世間では星が議長になったらかならず自由党の立場を擁護し、事務については細大洩らさず干渉して暴慢無礼の態度をとるであろうと思っていたところ、事実はこれに反して細心《さいしん》職務に精励し、日課の議案は公平にこれを取り扱い、自党の党員を優遇して不公平な態度をとるようなことをしなかった。星の在任は短かかったにもかかわらず、あげた業績は大きかった。とくに、議会の儀礼のことについて多くの先例をつくったのであった。

3　紛糾する議会

選挙干渉の責任を追及

さて、第三帝国議会に対して政府は濃尾地方震災（明治二十四年十月）の前後処置をはじめ、前議会に提出した法律案および予算案の一部をふたたび提出して、その実施の必要を力説した。これに対し、民党の方は、まず政府の選挙干渉に対する責任を問わなければならないとして劈頭《へきとう》「選挙干渉上奏案」を提出して、政府と対立した。この「上奏案」は、わずか三票の差で否決せられたが、民党側はすかさず「内閣選挙干渉引責決議案」を提出可決せしめ、政府に対する不信任の態度を内外に表明した。

副島の辞職

しかしながら、この建議案の通過は、超然主義の建前をとる松方内閣に直接的な打撃をあたえることはできなかったが、内閣の内部に動揺をもたらし、閣僚中でも公明であって無欲、「古君子」の風格があるといわれた内務大臣副島はこの松方の態度にあきたらず、ひそかに辞意を決し、六月五日、議会の大臣席にて紙片に辞表捧呈の旨をしたため、これを星議長に手交して辞職してしまった。

議会対策の不手ぎわ

さて、第二議会の解散の結果、明治二十五年度の予算は不成立に終わったので、政府は前年度予算を執行し、さらに、追加予算案を第三議会に提出した。ところが、この予算もまた衆議院の大反対をうけ、原案の三分の一が削減せられるというありさまであった。この衆議院査定案は、政府案を支持する貴族院との妥協のために、多少の改正復活をみたが、政府の対議会政策の不手ぎわは、ここにいたって、まさにきわまったというべきであった。

松方内閣ついに倒る

議会終了後、松方は一たんは辞意を表明したが、たちまちこれをひるがえし、内閣改造に熱中し、副島の後任とし河野敏《と》鎌《がま》を内務大臣に任命した。河野は、白根次官を免職し、ついで選挙干渉地方長官数名に休職あるいは転任を命じたので、高島陸相（鞆之助）・樺山海相（資紀）はこれを不満として辞表を提出し、同年八月八日、松方内閣はその支柱を失って倒れるのやむなきにいたった。要するに、松方内閣は、天皇の信任を名とし、薩長藩閥両勢力を背景として、議会を乗り切ろうとしたが、ついに内部不統一を暴露して、崩壊するにいたったのである。

伊藤の「元勲内閣」誕生

松方内閣が倒れると、元老会議が開かれて後継内閣の首班には伊藤博文が選ばれた。そのとき伊藤は、元勲総出で内閣を組織することができたならば、あえてその任を引き受けるというわけで、結局、山県有朋・黒田清隆・井上馨など、維新の元勲総出で、内閣閣僚として加わることになった。そこで、この内閣のことを世間では「元勲内閣」といった。

自由党、政府と対決

当時、自由党の内部においては、伊藤内閣の方針をしばらく静観しようとする自重論と、これに対して攻撃のほこ先を向けようとする強硬論とが対立をし、河野広中のごときは、「吾人は伊藤内閣が元勲総出の内閣なるが故に、あくまでもこれと決戦せざるべからざるの必要を認む」と称して、さかんに藩閥打破の気勢をあげた。また、改進党の方でも伊藤内閣に肉薄して、藩閥政治を打倒すべく蹶《けっ》起《き》するような形勢であった。そして、民党の中では、しだいにこの強硬論が勢いを強め、「経費節減」「民力休養」のスローガンの下に、政府と真向から対立することとなった。

一銭一厘問答

そこで民党は、予算問題を取り上げて、政府攻撃ののろしを上げたが、そのイニシァティーブをとったのが、前述の強硬論者河野広中であった。すなわち河野広中を委員長とする予算委員会は、予算案を節減するよう、政府の同意を求めた。これに対して、政府は原案を固守してゆずらず、この間、尾崎行雄と蔵相渡辺国武との間に、有名な「一銭一厘問答」が繰り返された。すなわち、両者は予算の審議において「一銭一厘たりともまけられないか」「まけられない」ということで争ったわけである。

河野、専断の権を要求

さて、河野広中は、政府攻撃の指導者となるにあたって、「この大任を担当するに際し」「院内党員統率のことより、政府および各派に対する応酬・駈引その他臨機の措置を独断専行することがあるかも知れない」「また場合によっては党紀を乱す者を除名することがあるかも知れない」といって、「専断の権」をふる

星不信の芽ばえ

うことについて、板垣の了解をえていた。なぜ河野が党員除名のような絶対的な権限を要求したかというと、それは星亨の動向に対する河野の警戒的な立場からである。星は外相陸奥宗光と親しい間柄であり、また、内相井上馨とも特殊関係があり、したがって、河野の側からみると星は藩閥に利用せられ、民党内陣容を乱し、民党の目的を誤まるおそれのある人物と考えられていたからである。星議長に対する不信の念は、このころからすでに民党内部にめばえていたといえる。

河野広中

伊藤内閣内の対立

伊藤内閣の閣僚をみると長州出身の伊藤博文(首相)・山県有朋(法相)・井上馨(内相)、薩摩出身の黒田清隆(逓相)・大山巌(陸相)・

仁《に》礼《れ》景範（海相）を主とし、後藤象二郎（農商務相）・陸奥宗光（外相）をもってしたが、その内部は山県・仁礼などの武断派と、伊藤・陸奥などの文治派に分かれ、議会の運用をめぐって意見が対立していた。前者は憲法をうとんじ、帝国議会を眼中におかなかったのに対して、後者は議会の公議を重んじて立憲主義的な行動をとっていた。

改進党、自由党を攻撃

かくして、政府対民党の争いはつづけられたが、改進党は、伊藤内閣と自由党との関係に疑惑を向け、同党の島田三郎は、自由党の方針に攻撃を加えた。その後この問題をめぐって、自由・改進両党間に交渉が行なわれたが、そのために、これが星議長排斥の一因をなすことになるのである。

このような議会内外において民党の気勢が上がると、山県以下のいわゆる武断派は、文治派に一歩ゆずったものか、政府はもはや上奏案の通告を妨害せず、そのままに受け入れようとしたので、星議長は上奏案を提出した。上奏案が可決されて政府の形勢が日に日に悪くなると、伊藤は衆議院解散を奏請したが、天皇はこれを裁可しなかった。その結果、伊藤内閣は、議会を解散して、その曲直を国民に問うこともできず、内閣総辞職を断行して、世論を容れることもできず、進退ここにきわまってしまった。そこでこの内閣を救うために「閣臣と議会と各《おのおの》権域を慎み、和協輔翼《ほよく》せんことを望む」という有名な「在廷の臣僚及び議会の各員に告ぐ」という詔勅がくだり、内閣はようやくその危機を脱することができたのであった。

伊藤の常套手段

これは伊藤のとった常套《じょうとう》手段であって、天皇の権威によって反対派を押えようとしたものである。明治天皇の愛顧を受けた伊藤はこの常套手段を用いて、たびたび民党の攻撃を防ごうとしたが、この詔勅の効果によって、民党も一言もなく、政局の様相は一変した。そこで、議会は詔勅の趣旨を遂行するについて、政府の意向を確かめるため、尾崎行雄・島田三郎など九名の特別委員をあげ、河野広中が委員長となり政府と折衝をした結果、「和衷協同」をもって、第四議会も終了することになったのである。

ところが、その後第五議会が開かれると、星議長排斥の声が起こり、民党間に対立が激化し、ともに政府を攻撃するの余力を失い、つづいて条約励行論が抬頭して、政府としては、はなはだ困難な事態に直面することになった。

4　議長除名問題登場す

対外強硬論の抬頭

明治二十六年(一八九三)三月、第四議会が終了した。議会終了以来、伊藤内閣は、行政および海軍の整理にあたっていたが、「民力休養」「政費節減」を標榜して、政府攻撃をしていた民間政客は、そのほこ先を外交問題に転じ、条約改正問題を主題として、政府に対抗しようとするにいたった。その中心は、「大日本協会」であって、大井憲太郎・神鞭知常《こうぶちともつね》・安部井磐根《いわね》・大竹貫一などがその幹部であった。それに改進党はじめ、野党が相呼応して、ともに対外強硬論をとなえた。

微妙な自由党の立場

自由党脱党派、同志倶楽部を結成

これに対して、自由党の立場は複雑であった。自由党は、従来とった態度からすれば、当然、反政府的立場を維持するはずであったが、その内部に、多くの意見の対立があり、なかんずく、星に対してよからぬ感情を持っていた一派があった。同じ自由党内にあっても、この一派は、星に関するスキャンダルの噂《うわさ》を信じて、星を排撃しようとつとめたのであった。しかし、星の勢力は、党内で盛んであって、こういった排撃運動は効を奏さなかった。星議長不信任案問題が起こったとき、星排撃の議員は星の処分を板垣総理にせまったが、党議はこれをいれず、ついにこれらの人びとは自由党を脱党して、「同志倶楽部」を組織した。当時、自由党の立場は、かならずしも政府に接近したわけではないが、ただ感情的に改進党と対立し、また条約励行論者の主張する内地雑居尚早《しょうそう》論をきらい、他の民党と別に、第四議会における政府の公約履行をせまろうとするものであった。ここに、民党連合の間に、分裂を生じたわけである。

ついで、この年の十一月に、第五議会が召集せられると、まず農商務大臣後藤象二郎および次官の斎藤修一郎に関する官紀紊乱粛正問題と星議長不信任の決議案上程論が、抬頭するにいたった。

『改進新聞』のひぼう

これよりさき、改進党の機関紙である『改進新聞』は、星議長が全国取引所から収賄したという記事を書いて、これによって、星から告訴せられ、被告は有罪の判決を受けた。株式取引所法は、第四議会において成立し、多数の取引所設立出願者中から、全国に十八の取引所が許可された。『改進新聞』は、星がこれら新設の取引所理事者から三万円の賄賂をうけたと書きたてたのである。

星に不当な疑惑残る

前田蓮山氏の『「自由民権」時代』によると、「実は」この事件は、「取引所実施祝いとして、農相後藤象二郎と同次官斎藤修一郎が、取引所理事者から料理屋に招待され、星亨も取引所法の議会通過に尽力したという関係で、同時に招待を受けたのであったが、改進新聞は、後藤農相の名は出さないで、星亨が暮夜ひそかに商人と密会し、賄賂を受け取ったと」報道したのであるという。この事件に関する星の無実は、裁判所に認められ、『改進新聞』の記事が誹毀《ひき》なることは訴訟上は明らかになった。しかし、この事件が星にもたらした影響は少なくなく、彼に対する世間の疑惑は、相当に強く残されたのであった。

さらに、その当時、星の相馬事件介入という、また噂《うわさ》の種になる別の問題が起こった。

相馬事件に介入

相馬家は、旧奥州中村（福島県）の藩主で、当主相馬誠胤が死亡したため、弟の順胤が相続したところ、旧家臣の錦織剛清《にしごりたけきよ》という者が、誠胤の死亡をもって、順胤その他の者が相談をして、これを毒殺したといい、裁判所に訴えたのである。ところが、順胤の方は、まったく事実無根であるとして、誣告《ぶこく》の訴えを弁護士たる星に依頼した。ところが、当時、世論は、あげて錦織剛清を支援し、相馬順胤のために弁護する者はいなかった。星は、弁護人の立場として事実を調査してみたところ、まったく順胤らが無実の罪であるということを知って、相馬の訴訟を引き受けた。ところが、星がこの相馬の弁護を担任するということになると、たちまち、星に対する批判・反対の声が起こり、星に、弁護人辞任を勧告する者もあらわれるにいたった。

潔白の身にあらぬ噂

その後、この事件は、裁判所の実地検証の結果、毒殺云々ということは、まったく事実無根であるということがわかったので、錦織は、誣告によって逆に罪に処せられた。このような事件で、星は潔白であったけれども、しかし、世間の噂《うわさ》が残ったわけである。

安部井、星を非難

さて、第五議会は、十一月に開会せられたが、まず、国家主義者の安部井磐根《いわね》が立って、「衆議院は、議長星亨君に信任をおくあたわず。同君の議長の地位にあるを欲せざるが故に、同君のみずから所決せられんことを望む」という動議の文句を読み、その理由として、第一に、星議長の行為は、天下の人びとが、これを非難するのであるから、まさに不道徳である。第二に、星が大阪米商会所・大阪株式取引所の顧問弁護士となっているのは、衆議院議長の栄職にあるからである。第三に、星が朝野の政商と待合茶屋に会合したのは、衆議院の体面を汚すものであるといい、議長たるの任にたえざるものであると述べた。安部井の態度は理由ならざる理由をあげて星を「毒殺」しようとするものであった。

これに対して、自由党、その他一－二の者は、第一に、世間の人びとが星を非難したのは、相馬事件の弁護をしたということ、および、『改進新聞』の記事、あるいは弁護士会の懲戒問題などを指すようであるが、みんな、これは反対の証拠があって、星が潔白であることが証明されたではないか。第二に、衆議院議員が、議案の中で実業に関するものについて業者と会見して研究するということは、いっこうにさしつかえないことではないか。このことは、星だけでなく、他の議員も、常にやっていることである。第三に、会社・銀行などで、評判の高い弁護士を雇って顧問にすることは、実業社会の常にやることで、その例は非常に多い。したがって、星に対する非難はあたらない旨を述べたけれども、ついに、安部井の提案は、一九九対一六六で可決せられた。

堂々たる抗弁

しかしこれに対して星は、「其事ハ星亨ニ於テハ不当ナリト認メルノデアル。又ソレガ如何ニ決シタ所ガコチラハ守ル責任ハナイト考ヘル」と述べ、また「議長ハ内ニ疚《やま》シイコトガゴザイマセヌカラ、折角諸君ノ勧告デゴザリマスケレドモ受ケルコトハ御断リ申シマス」といって、きわめて高姿勢でこの動議を拒否した。この時の星の態度は実に堂々たるもので、当時の『都新聞』は、星が「びくともせず最も落ち着き払って」いたと報道し、かつ星の態度を「其悠々は以て群小の胆を奪ふに足る」と評している。

千万人といえどもわれ往かん

みずから疚しいところがなければ、堂々と落ち着きはらっていていいはずである。星は理由ならざる理由をつけられて排斥せられたが、〝千万人といえどもわれ往かんかな〃の態度で反対派に対決したのである。明治以来多くの政治家が出たが、星くらい剛愎で自信にみちた人物もいなかった。それは彼のもって生まれた本来の性質にもよるであろうが、赤貧のうちに育ち、いく多の困難にあい、それを克服してきたからである。天性に加うるに長年の修練の結果、鋼鉄のような人格が築かれたものといえよう。しかし、さらに普通人とちがう点は彼の読書にある。内外幾千冊の読書は彼に自信をつけさせたといえる。星のような読書家にとっては一般の政治家は馬鹿にみえて仕方がなかったにちがいない。

議長不信任ついに通る

星はあくる日も、ゆうゆう登院して、議長席についた。かくして、野党連合派は、この間協議して、星追放の計画をねりつつあった。翌十二月一日も、星は登院してまたしても議長席についた。そこで、民党六派はついに、上奏案を上程する策略に出て、「本院ハ衆議院議長星亨ニ信任ヲ措《お》ク能ハズ。故ニ其職ニ在ルヲ欲セズト決議ス。臣等曩《さき》ニ星亨ヲ薦奏シ勅任ヲ辱《かたじけな》フス。是臣等不明ノ致ス所、誤テ天聴ヲ冒瀆《ぼうとく》ス、惶懼《こうく》ノ至ニ堪ヘズ」という上奏案を、反対一二六賛成一五二で可決したのであった。

副議長に議事を任す

そこで、星は、議員のしたことは、憲法的な動作に合わないと考えられ、悪例をわが憲法史上に残すのおそれなしとしない。しかしながら、上奏案が可決したということが、天皇の耳に達した以上、宸襟《しんきん》を悩ますということは、まことに恐縮であるから、数日間謹慎して、議事のいっさいのことを副議長（楠本正隆）にまかすとのべて、当日の会議は終わった。

天皇へ上奏文

そこで、自由党反対の連合六派は、星議長みずから、処決の態度に出ないので、ついに、上奏することに決し、十二月二日副議長楠本正隆は宮中におもむき、議会において可決した上奏文を提出した。これに対して、明治天皇は、田中宮内大臣をへて「上奏の旨意は、朕に議長を更迭せよと請願するに在るか。議院自ら不明なりしとの過失を朕に謝するに止まるか、更に院議を尽せ」という質問をくだ

天皇、上奏文を衝かる

され、楠本副議長は、さらに「本日上奏する所、臣等不明の過失を謝し奉るに在り」という衆議院の覆奏文を上奏したのであった。この明治天皇の衆議院に対する質問もなかなか、カンどころを衝いていて要を得ている。さきの上奏案をみるに明らかに二重の意味にとれるわけである。星の議長追放が意味のないことであるから上奏文がわけがわからなくなるのは当然である。そこを衝かれた明治天皇の態度は君主として立派であった。そこで、楠本副議長があわてて覆奏文を出したわけであるが、天皇に一本とられた形である。

謹慎の星、自由党を脱党

星は、上奏以来、衆議院に登院することをやめ、謹慎して自宅にいた。今回のことは、民党の諸派があげて自由党を攻撃することによるものであるが、その目的は、星一人だけである。だから、席を自由党において、ますます党に迷惑をおよぼすことはよくないし、一身の行動も自由にはいかない。そこで、総理の板垣退助宛て、脱党の通告をしたのであった。星の脱党は、当時の『めさまし新聞』

によると、自由党にとって「寝耳に水」であったが、結局党員一同は「以心伝心、皆星氏が脱党の心事を諒」としたという。そして、板垣も、星の行動を「愛党の心より」出たものと認め、脱党後も自由党は、星を最後まで援助することを言明した。しかし、あえて星の決意をひるがえさせるような努力はしなかった。

懲罰にかけられる

さて、十二月二日、衆議院は覆奏文を議し終わり、当日の議事日程の終わるのを待って大岡育造が、「衆議院議員星亨ヲ懲罰委員会ニ付スルノ緊急動議」を提出したのであった。その理由は、十一月二十九日、星が議長席を退くにあたって「是ヨリ星亨ニ対シ信任問題ガアルト云フ、ソノ事ハ不当ト認メル。又ソレガ如何ニ決シタ所ガコチラハ守ル責任ハナイ」とのべたことに対して、これが議院の体面を汚すもので、懲罰に値いするものであるというわけである。こうして、懲罰委員会が翌々四日に開かれたが、積極論者と消極論者が対立し、ついに、星をして謝罪させることになった。しかるに翌五日、本会議を開いた結果、本件のた

七日間の出席停止

めに秘密会を開き、星は七日間の出席停止に処せられることに決した。これは委員会の決定よりも重いものであったが、星の性格として、とうてい公開の席上において謝罪することはないであろうという見通しのもとに、実行しやすい方法を選んだわけである。

平然と再び議長席に

反対派は、このようにして、多数の力をもって、星議長を七日間の出席停止処分にしたが、まだ安心はいかなかった。なぜならば、七日間の期日が終われば、星は、ふたたび出席して、議長の席につくことが予想されたからである。そこで、戦術として、星を挑発して、院議を重んじないような発言をさせるようにしようとはかった。案の定《じょう》、星は七日を経て、十二日登院し、平然として、またもや議長席についた。この星の態度はいかにも小気味のよいものであったが、反対派のものはこれによってさらに興奮した。

そこで、反対派の方では、ますます、星追放の戦略をかため、ついに、星がふ

議場大混乱に陥る

たたび議場に臨み、議長席についたことが、「即チ院議ヲ侮辱シタ」ことになるという、乱暴きわまるいいがかりをつけ、星をふたたび懲罰委員会に付すように提議した。ところが、こんどは星は議長席を退かず、自分が一週間の懲罰に服した後出席したのが、懲罰事犯に該当するか否か、まずこれを議題とすると応答したので、議場は大混乱におちいり、弾劾《だんがい》派は、議長が議院規則を無視し、職権を濫用し、議場を混乱せしめたとして、星を懲罰委員会に付することにきめた。こうなると理屈は全然通用しない。改進党系の高田早苗は当時みずから懺悔して、「渺《びょう》たる一代言人を対手として、大勢でもって毎日のように騒ぎをすることはあまり感心したことではない」といったということであるが、まことにそうである。改進党・同盟倶楽部・政務調査所・国民協会の四政党が、あげて星一人に挑戦して泰然自若たる彼にほんろうされているわけである。連日連夜会合をひらいて善後策を講じている状態はむしろ醜態というべきであった。そして、とうとう議員

こんどは星を除名

星亨懲罰事犯を秘密会議に付し、星亨を除名することに決した。

この星の除名は、いったい、いかなる原因によるものであろうか。それは、星がとにかく剛愎な政治家であり、反対党の攻撃を一身に受けていても、ひるむことなく、自分の所信に邁進するの態度を示したからである。先述のように、明治以来、多くの政治家が立憲政治上に活動したが、星のごとく大胆にして勇気があり所信に邁進し、事にのぞんで動揺しない政治家は、いまだかっていないといえよう。加藤平四郎は、星を尊敬し、とくに彼の品行の正しさ・無欲・規律正しきことは、人をしてこれを敬服せしめざるをえないと述べている。この事実に照して考えてみると、星に対する当時の世評は誤解に満ちていたことになる。星はその剛愎のあまり、不利な評判をえて、思わぬ災難におちいったのである。

一般民衆は星を支持

星追放に成功した改進党は、この機会に乗じてその党勢を拡張しようとして、十二月十七日神田錦輝《きんき》館において演説会を開いたが、人気すこぶる悪く、聴衆の罵声が高く、ついにその意図は失敗した。そして、その翌十八日、星が同じ場所において演説したところ、聴衆は三千人を越え、大いに気勢があがった。星はその博学をもって諸外国の事例を多く引いて除名の不当な理由を説明し、聴衆の賛同をえたのであった。星は院内から追放せられたにもかかわらず、一般民衆からは圧倒的人気を得た。「判官贔屓《びいき》」の大衆心理の結果も作用しているが、星反対派の態度があまりにもえげつなかった結果であろう。民衆の叡智はぶさまな院内の様子を感得して星に拍手を送ったものといえる。

5　条約励行論の抬頭と星の再選

星議長を追放した第五帝国議会は、条約励行論をめぐる抗争によって、ついに明治二十七年（一八九四）一月三十日、解散をみるにいたった。

論著『条約改正論』

星はさきに『条約改正論』という論著を発表し、外国人には土地・鉱山などの所有権を制限し、内地雑居を許すべしと論じ、これを自由党の対外政策の方針としていた。

大日本協会と対外硬派

ところが、現行条約を狭義に解釈して、これを励行しようとする立場の者は、大井憲太郎などを幹部とする「大日本協会」を設立し、外国人を居留地内にとどめ、きびしく内地旅行を禁じ、外国人に条約条文以外少しも便益を与えてはならないと議決し、明治二十六年（一八九三）十二月五日、大会を開いて、さらに現行条約励行の件を決定したばかりでなく、なお、施行期限のきたことを名目として、これを廃棄することを議決し、外国人排撃の運動を展開したのであった。当時これらの人びとを称して対外硬派と呼んだが、この派は衆議院においてしだいに勢力を拡大し、多数をしめるにいたって、ついに政府と正面衝突し、政府は解散のやむなきに追いこまれたわけである。

再び立候補する

　衆議院を不当除名せられた星は、自分に対する非難の当らないことを民衆に訴え続けてきたが、この選挙に際して、同志のすすめに従って、ふたたび栃木県第一区から出馬することになった。星は満々たる自信をもって、宿敵横堀三子《さんし》と争った。

壮士を使った激烈な選挙

今回の選挙においては、前回の大選挙干渉に比較して、政府の干渉とみられるべきものはなく、また、いちじるしい暴行事件も起こらなかったが、栃木県第一区のみは例外であった。星・横堀両派とも、盛んに壮士を使い、激烈な運動を試み、このときの選挙における全国の負傷者数は一五三名であったのに対し、栃木県における負傷者は一一七名で、その大部分を占め、あまつさえ、一名の死者を出す状況であった。このときの選挙費は巨額にのぼり、使った費用は、星が一万三－四千円、横堀派は一万円を下るまいと噂《うわさ》された。今日の貨幣価値に換算すると、巨大の金額に達するわけである。

投票の結果は、星一九〇四票、横堀一四五二票で、星派の勝利に終わり、星はふたたび衆議院議員の議席を獲得した。

議長候補を辞退

さて星はふたたび衆議院議員となるや、ただちに離党した自由党に復帰した。

かくして、明治二十七年（一八九四）五月六日、自由党はその本部において衆議院議長候補者を予選した。これについて星は開会の劈頭《へきとう》、「今までのゆきがかりによれば、自分もあるいは議長候補者の一人に加えられるかも知れないが、深く感ずるところがあり、またわが党のために今回はこれを辞退する」旨を述べて、まず星に反感をもつものの心を和《やわ》らげたのであった。このとき座長をしていた板垣は、これに答えて、「星君がこの挙動に出でしは真に愛党の赤誠に出て感服のほかありません」と述べ、今後従来のゆきがかりを捨て、和合一致につとむべきことを力説した。板垣の言葉は暗に党中排星派の存在することを示し、そのゆきがかりの感情を一掃し、なお進んで議長除名の決議を廃除すべき責任があることを提議したのであった。『自由党報』によると、この時、満場は大拍手をもって、星の高徳を讃称する態度を示し、かつ板垣の説に賛同する意を表したという。

板垣の思いやり

そこで、板垣は即座に「微恙《びよう》」と称して、座長席を星に譲って、それより予選に関することを討議せしめたのであった。これは板垣の星に対する思いやりであって、結局、河野広中が議長候補となった。しかし、新議会の議長選挙は河野が敗れて、楠本正隆がこれに当選した。つぎに板垣は五月十一日の代議士総会において、星に院内総理を委託したい旨を述べ、その承諾を求めたが、星はこれを辞退し、結局院内総理は河野広中に決定した。

星は自由党の平党員として第六議会に臨んだ。彼のような剛愎な性格のものにとっては当然至極のことと考えたにちがいない。このような場合、普通の人ならば感慨無量であったという言葉を使うのが適当であろうが、星の場合はあたらないと思う。当然来るところへ来たのであって、自分を除名した連中がまちがっていたと思うだけである。彼は大げさな表現で喜怒哀楽の感情をあらわすような人物ではなかった。人に愛想をよくしてその気受けをよくするといった性格ではな

星のかくれた性格

かった。しかし、非常に細心なところがあり、とくに身辺のものを要領よく片付けることに特殊の才能があったという。星のようなタイプの人物は豪放磊落《らいらく》、小事に拘泥《こうでい》せず、身辺の雑事など他人まかせのように思われるが、実はそうではなかった。とくに、旅行に出たときに持ちものを片付けることに巧みで、他人のものまで要領よくまとめてあげたという。また、旅行に出ると子息のために各地の土産物を買ってきたり、家庭で福引などして家族のものを喜ばせた。ここらに星の知られざるやさしい性質の反面があった。星は剛愎だけの性格の人ではなかったわけである。

対外政策めぐる攻防

かくして、第六議会は、明治二十七年(一八九四)五月に召集せられたが、この議会が開かれると、在野党は、こぞって政府の不当解散を糾弾し、その攻撃は急なるものがあった。そして「条約励行」についての上奏案を出し、対外強硬論を主張した。これに対して、政府は、条約改正談判について、これを遂行するためには、諸般の障害を排除する決心であり、その目的を達することも遠くない旨をのべ、この条約励行論をもって、政争の具とすることをいましめたのであった。それは対外問題に関する配慮からであった。

この伊藤首相の演説の趣旨は、もし、このような議案が通過するようなことがあったならば、再度の解散も、あえて辞さないという意向を表明したものであった。

これに対して、自由党は、条約改正を促進し、条約励行論に反対の立場をとっていたので、この上奏案に反対し、その結果、一四四対一四九、わずか五票の差で、この案を否決した。さらに、自由党の条約改正建議案が、議題にのぼったが、これは一四〇対一五〇で否決されてしまった。

三ヵ月でまたも解散

五月かくて、このような決議案の賛否が問われているうちに、民党派は前回の解散に対する政府弾劾の上奏案を上程し、これが採決せられたために、内閣においては、衆議院の解散を決議するにいたり、前の解散以来、わずかに三ヵ月間にして、六月二日議会は解散されることになった。ついで日清交戦中に総選挙が行なわれたが、自由党は全国に人を派遣して、遊説を行なった。星は、このような遊説の応援をするかたわら、栃木県第一区において、横堀三子と争い、一九三九票対一三二九票で、勝利をおさめることができた。

とにかく、この時代の政争の中心は、条約改正問題をめぐって、政府が漸進的に改革を行なおうとするのに対して、野党の方が乱暴で、対外強硬論をあおったことである。

朝鮮問題と野党の態度

しかし、このように、対外強硬論をあおって、政府の外交政策を攻撃していた野党は、朝鮮問題が起こるにおよんで、にわかに、政府反対のほこ先をかえて、自主的外交の主義を朝鮮問題に応用して、朝鮮の独立を支援し、その目的をじゃまする国があったならば、かならず、これを排除するという決議をするにいたった。

六 失意時代

1 日清戦争の勃発

挙国一致の体制

このような政治的環境のもとに、清国に対する戦いは進められていったわけであるが、国内の政情はまさに城内平和を目指す「挙国一致」そのものであった。そしてこれは、また政府の望むところでもあった。政府は対外硬派の情熱を韓国問題に転化することによって「心理的転換」をはかったわけである。

九月に入って臨時議会が広島に召集された。日清戦争はすでに八月一日に宣戦布告され、大本営は広島に設置せられ、明治天皇をはじめ政府の要人は広島に移っていたからである。

軍事費一億五千万円を可決

議会は政府要求の軍事費一億五千万円の巨額を開会の第一日の十九日、ただちに委員会を通過せしめ、翌二十日、本会議において全会一致をもってこれを可決した。一億五千万円という数字は当時の歳出に比して莫大な額である。これは日本国内における官民の対立が激化することをあてにしていた清《シン》国の期待を「裏切る」ものであって、政争の休止を意味したものであった。

日本民族の明治維新以来最初に出喰わした難関ともいうべき日清戦争に対して、星はどういうような考えをもっていたであろうか。

主戦論を主張

朝鮮問題をめぐって、清国との間に風雲急をつげると、星は板垣に向かい、従来の官民間の争いをやめて、政府を助けて、これに従おうと思うがどうかという意見を述べた。すると板垣も、これを肯定したので、ただちに自由党は党議をまとめて主戦論に決したのであった。

そこで、自由党では、視察員を海外に派遣し、また、星・河野・片岡らの政務委員は、伊藤首相および陸奥外相を歴訪して、これを激励した。

日清戦争に対する所感

さらに、明治二十六年十二月二十三日、自由党は神田錦輝館において演説会を開いたが、星もこれに出席して「所感を述ぶ」と題して自問四項を掲げ、

第一に、日清交戦中ヨーロッパ諸国が干渉して来るであろうか。

第二に、清国によく戦闘を持続することができるであろうか。

第三に、日本はよく戦勝の利益を収めることができるであろうか。

第四に、戦勝の利益を収める方法はどうであろうか。

と述べ、みずから解答して、

欧州諸国は干渉しまい

第一に、学説においては交戦に干渉することができる四つの理由があるが、自分の考えをもってすれば、そのうちただ自国防衛の必要があるときのみ干渉の理由を生じ、その他に干渉の権利なしと信ず。今回の交戦には欧州列国がそのために損害を蒙る事由がなければおそらく干渉するものはないであろう。

清国は戦争を持続する

第二に日本の要求をして賠償金に止まらしめれば、清国は早く降伏して平和はたちどころに回復するであろう。ところが、日本の求めようとしているのは韓国の独立と東洋の覇権とにあって、その独立には清・韓両国を隔絶するためにその中間、東三省一帯の地をわれに領有することを要し、また、その東洋の覇権をおさめるには、清国海中の要地に拠ることを要すれば、台湾全島を割譲せしめなければならない。そして、領土の割譲は清国のたえることのできないところであるから、先方はあくまでも戦争を持続するであろう。

戦利は得られない

第三に戦争の利益は日本はおそらく十分にこれを享受することがないであろう。国際法は儼《げん》として存在しているが、列国は各々自国の利益にかられ、国際法を無視して非理を行なうことが通例であるからである。だから講和条件が償金などの利益問題に過ぎない場合は干渉はないであろうが、かりに、先述のように南北に土地の割譲を求むとすれば、戦敗の極、清国は屈従するであろう。しかし、露・

英はかならず傍観せず、独・仏もまた起って種々附会の口実を設け、日本の要求をしりぞけようとするであろう。ここにいたって、われによく二―三の強大国を敵としてこれと戦って屈服せしむるの余力があるであろうか。おそらくはないであろう。それでは、日本は多大の犠牲を払って何の報償をも獲《え》ないことになる。これでは終古の恨事ではないか。よって、その報償を全うする所以《ゆえん》の法はどうであろうか。

利をうる手段は機密

第四の問題の起こるところである。自分の考えるところによると、講和条件には割譲はなくてはならない。すでに割譲あれば英露独仏の干渉をまぬがれることはできない。ここにおいて在昔《ざいせき》墺露独三国連合してポーランドを分割したことがある。いまその例にならって利を分つ一事あるのみで、その手段方法のごときは機密に属し、細説を容《ゆる》さず、と論断したのであった。

現実的な政略

ここにも、まったく現実主義的な星の政略をうかがうことができる。現実政治の面においては星はその見通しを誤っていない。果たせるかな、露仏独の三国は下関条約に干渉してきたのであった。当時の Power Politics に対する星の見通しは正確であったといえよう。

力の原則に立つ政治観

星は理想主義の政治家ではなかった。彼は海外に学んで国際政治における Power Politics の現実を見たわけである。国際政治における力の原則は不動である。力の強いものが力の弱いものを制圧して優勝劣敗の法則がはたらくことは進化論の教えるところである。星はこの不動の法則を皮膚で感じとっていたにちがいない。他の政治家とちがって星は江戸の職人の家に生まれ、実父に生別し、養父に

強靱な性格と現実主義

養われ、赤貧洗うがごとき貧乏の体験をしている。このような体験の所有者は〃力の法則〃についてよけい敏感である。自由民権運動に身を投じて藩閥政府より弾圧せられ、再度獄中に投ぜられ、権力のなにものたるかを感得した。衆議院議長の栄誉を得ながら政敵のために除名の悲運にあっている。かくて、つくり上

げられていったのは星の強靱な性格であると同時に、その現実主義的な政治観である。

しかし、日清戦争勃発のころ、星の政治的立場は悪くなっていた。

2　韓国に渡る

星は選ばれて自由党政務委員の地位についたが、その信用は往年のごとく高くなく、その政治力を充分に発揮するまでにいたらなかった。かつ、政界一般の状況も従来とはちがい、政党はひたすらに征清《シン》軍の戦勝を熱望して余念がなく、政党政治家もまた、ただこの戦争に没頭して他の政談を試みるものもない状況であったから、星はその才能を発揮することができなかった。

渡韓を決意

このとき（二十七年十月）、井上馨が、駐韓公使として、韓国内部の政争を解決するために韓国におもむくことになった。星も、このとき、たまたま韓国に遊び、同国に

井上馨

渡韓の理由

行って政府の仕事にたずさわることを決意し、法務部の顧問となって渡韓することになった。

　星がなぜ韓国におもむく心境になったかは、従来の政党活動から判断して理解に苦しむところである。一説によると、彼はそのいわゆる「小羊ども」、すなわち、自由党の若い連中に活動の天地をあたえるためにみずから率先して渡韓したのであるというが（前田蓮山『星亨伝』）、一面そういう思《おも》惑《わく》もあったのであろう。しかし、彼の渡韓はやはり国内における不遇の結果ではないかと推測される。

　星は韓国に十余日滞在し、翌二十八年一月二十日、東京にかえり、親しく見聞したところを二十五日、自由党の本部において話した。

租税の規律がない

韓国の今日の実況は想像のほかないといってよい。行ってみると、国家たる資格のないありさまです。その乱脈振りを一－二話すと、まず王室と政府の区別はまるでなく、役所と自宅との区別もない。だから王室の金を政府が使い、政府の金を王室で使うような状態である。役所と自分の家との区別がないから、以前は役所の内へ官妓《かんぎ》まで置くことができた。そして、そこへ蒲団をもっていって寝ている。また、自分の家来を役所に使い、役所付の人を自分の家に使役する。租税をとるにしても一向区別も規律もなく、王室は王室で租税をとり、政府は政府で租税をとる。地方に行けば、地方の観察使がみな租税をとる。いくらとっているかといえば一向わからないありさまである。帳面があるかといえば、それもない。唯、あれが金をもっているからあれから取り立てるとか、あれは今度銭をもうけたようであるから銭を取り立てる

兵隊は統率されていない

裁判所はない

勝手な地方長官

というような話である。中央に入ってくる租税と地方に入る租税と区別も何もない。推察するところ、人民から取り立てる銭は多くて、公の費用にはわずかしか用いられないような状態である。……また、兵隊は二十万人あるというが、どれだけあるか一向分らない。中には小使や何かが入っているということである。それはどこに統一しているかというと、統一しているところはない。大院君にもついておれば、総理衙門《がもん》にもついている。また、役所にも兵隊がいる。王が命令を下してもその命令を奉じない。……裁判所はどうかというように裁判所はてんでない。判事・検事というようなものはありゃしない。もとより民事・刑事の区別があるわけではなく、ちょうど日本の昔の状態と同一である。要するに、賄賂を使う者が無罪となり、使うことのできない者は有罪となる。各道の長官が兵馬の権と租税を取る権とをもっていて、生殺与奪・勝手次第なことをしている。地方官になろうと思う者は政府の要

政府の命令は通じない

人に賄賂を使って、そして年々いくらずつ差し上げるから私を地方長官にしてくれと頼んでなるのである。いったん地方官になった上は王室なり政府なりに出すだけの金を出せば、後はいくらとってもよいのであるから、人民からは使った賄賂金の三倍も四倍もとる。そして、地方と中央との連絡はすこしもついておらない。だから、地方の者は一向に中央政府の命令をきかない。政府の命令は京畿一道にはいくぶんか行なわれるが、そのほかの七道には一向に行なわれておらない、というようなあんばいであるから、韓国は国家としてすでに存立しないということができる。

韓国改革案

そこで、星はその原因として、「第一に人民が無気力であること。第二に人民が無知であるということ」を挙げているが、韓国改革案については日本人がこれに乗り出せばできるといい、

改革に最も必要なものは人間と金である。だから日本人がなるべく多く韓国

の顧問となり、韓国人を教えることが一つの仕方であって、二つには金を韓国に与えなければ駄目である。

と述べ、韓国改革の具体策を論じている。そして、

日本で金を貸して一時の急を救ってやれば将来独立していくことができるようになろう。この方針でわが国がたすけてやることが最も必要かと信ずる。

と述べている。

韓国財政の確立に努力

韓国の改革には「日本人と金が必要である」というのが星の主張である。そこで、星は日本政府はよろしく韓国の募債に応じ、その財政的基礎を確立してやる必要があると考え、板垣退助に説いてその同意を得、自由党を動かして賛成させ、二月十二日の代議士総会において満場一致の賛成を得、なお、自由党の力をもって他党に交渉し、かねて政府を刺激して決意をうながしたのであった。

そこで、政府も同月二十二日「朝鮮国債法案」を衆議院に出し、韓国に三百万

末松謙澄

円を貸付けるよう取りはからったのであった。これが議会を通過したので、政府は末松謙澄《けんちょう》を韓国に派遣をして貸付けの方法を交渉させたが、条件がきびしく韓国政府はこれに応じなかった。そのとき、星はすでに韓国にいたが、井上馨とともに末松に説いてこの条件を緩和するよう取りはからった。そこで、末松もこれを諒承し、三月二十八日、韓国に対して貸付けを断行した。

韓国の法律を整備

星は明治二十八年(一八九五)三月七日、神戸を発って韓国に向かった。渡韓後、星は法務衙門内に法律調査局をもうけて、みずからその主となって法令の改革事業にあたったのであった。そして、韓国の刑法・訴訟法の近代化につとめ、さらに裁判所に関してもこれを指導するところがあった。刑法はその標準を日本刑法にとったけれども笞刑《たいけい》を残し、韓国の事情にあうように考え、在職半年の間に総則編を脱稿し、訴訟法のごときは急にこれを必要としないので、かりに簡単な手続法をもうけ、これを施行したのであった。

李埈鎔の逮捕事件

しかし、星の在韓中起こった重要事件はなんといっても、李埈鎔《しゅんよう》の逮捕問題である。四月十八日、突然、大院君の孫李埈鎔が、法務衙門権設《けんせつ》裁判所に拘引せられ、世間の耳目をそばだたしめた。これは星と井上との相談の

韓国勤務時代の星（中列左より三番目）

上のことであった。そのころ、韓国為政者の中で保守的な思想をもつ大院君・李埈鎔などに陰謀計画があるという風説が伝えられた。

その計画の大略は第一は密使を平壌に派遣し、清《シン》兵の大挙南下をうながし、国内反日分子を煽動して日本兵を挾撃し、これを境外に逐斥《ちくせき》すること、第二は金宏《こう》集《しゅう》その他の親日派政治家を暗殺し、新政府を組織することなどであった。

処分をめぐるいざこざ

そこで、李埈鎔を逮捕したが、未だ裁判所構成法等の公布前であって、王族に対する犯罪を処断する途がなかったので、これに対する処分方法に手間どった。当時の韓国の法は明律《ミンりつ》であって、この法律の範囲で李を処分するということになると死刑に相当し、なんらの情状酌量の途もない。そこで、勅裁によりこれを減刑する旨の措置を講じたが、徐法部大臣が突然強硬にこれに反対し、極刑をもってのぞむことを主張した。徐法部大臣の主張は朴内部大臣の意を受けたものであって、その裏には王妃閔《びん》氏があるように推察せられた。そこで、井上は朴に交渉し、李の減刑が実現せられたのであった。井上は対外関係を考慮してこのような措置を講じたのであったが、井上のもとにあって適切な処置をとって、事を成就せしめたのは星であった。

帰国の理由

星が帰国した理由は、三国干渉の結果、日本の対韓政策が消極的になり、井上の政策が中央の容《い》れるところとならなくなったからである。星は井上を信頼して渡韓したのであるが、その井上が三浦梧《ご》楼《ろう》に駐韓公使の職をゆずると、星は三浦とは意見が合わず、不快なことが多かった。したがって、その力を存分にのばすことができなくなり、帰国を望むようになったのである。

しかも、その間において、日本内地の政争はしだいに急をつげ、自由党は星のような策士をぜひ必要とした。そして、自由党から西村甚右衛門が使者にたち、星はついに帰国にふみきったのであった。

七　駐米公使時代

1　伊藤内閣と自由党の提携

三国干渉に屈す

日清戦争は、下関条約によって講和が成立したが、ほどなくロシア・ドイツ・フランスの三国干渉が到来し、下関条約によって日本が清国から割譲を受けた遼東半島の返還をせまり、これらは、武力干渉をも辞さないほどの態度を示した。そこで、国力の不足はいかんともなしがたく、政府は、この三国の提議を受け入れ、遼東半島を清国に還付することになった。

政府は、国民がこの遼東半島還付について、いたずらに憤慨し、あるいは失望して、戦後の経営をおろそかにすることをおそれた。そこで、さかんに「臥薪嘗《がしんしょう》胆《たん》」のスローガンを宣伝して、民心の高ぶりをおさめるとともに、言論・集会の取締りを厳重にして、時局に不利なものをことごとく弾圧する政策をとった。

反政府の声高し

これと同時に、戦争の論功行賞を急ぎ、勲章を乱発して、国民の歓心を買い、あるいは戦捷祝賀会を開かしめて、その国民の高ぶった感情を押えようとしたが、外交の失敗を絶叫する政府攻撃の声は、ようやく熾烈《しれつ》となり、対外強硬派はふたたび復活して、反政府運動を起こすことになった。このとき、星は韓国から帰ってきたのである。

さて、東京に帰って星が自由党の内情をみると、河野広中・林有造・松田正久の三人がまさに全盛をきわめ、自由党の「三管領」とも称せられる地位にいた。一党の重要政務はみなここで決せられたのである。したがって、星は以前のように党内において大きな声望をうることができなかった。

「互譲互援の約」

当時、自由党は伊藤内閣と通じ、その主張を政府に実行させる約束をきめていた。すなわち、明治二十八年(一八九五)初秋のころ、自由党の河野広中・林有造と、伊藤内閣の書記官長伊東巳代治《みよじ》との間にとりむすばれたいわゆる「互譲互援の約」がそれであって、その内容は、政府の欲する軍備の拡充と租税の増徴は、自由党がこれに応ずる。自由党の欲する民権の伸張・商工業の暢達《ちょうたつ》は政府がこれに賛成する。この盟約をあらわすために党首板垣をその閣僚の中に加えるというものであった。

ところが、自由党とこの伊藤内閣との提携について、諸新聞はいっせいに自由党を嘲《あざけ》って愚直といい、政府のために売られるものであるとはやし立てたので、自由党員中にはこの提携の効果を疑問とする向きがあった。

星はこの情勢を静かに見守りつつ、政府を牽制《けんせい》して、誓約を実行せしめ、党内の人心を安んじ、そして自分の勢力を回復しようと機会のくるのを待っていた。

伊藤に違約の風説

かくして、同年十二月第九帝国議会が開かれたが、その初頭、当時の野党である改進党の一派は、政府の遼東半島返還、および対韓政策の失敗を弾劾して上奏案を提出し、議長楠本正隆はこれを明治二十九年（一八九六）一月九日の議事日程にのぼせたので、自由党は政府の与党としてこれに反対せざるをえなくなった。ところが、当時新聞に、伊藤は議会終了後、遣露大使となってロシア皇帝の戴冠式に参列し、これを機会に内閣を投げ出すであろうという風説が出た。この風説が真実であるとすれば、伊藤内閣はまさに自由党との約束を破るものである。そこで、星は自由党を代表して、伊藤に面接し、その真意をただしたのであった。

星、伊藤に真偽を質す

　星は伊藤に会って、「今後貴下の進退いかん、またわが要求を容るるの実いかん」とただした。これに対して伊藤は「不肖欽命《きんめい》を奉じて敢て大政に膺《あた》る。躬軀《きゆうく》は既に至尊に捧げたり。何ぞ意の如く進退すべけんや。其施為《しい》するところのごとき、またこれ一に聖断にまつのみ。豈《あに》私見を容《ゆる》さんや。故に進退・施設、皆逆《ぎやく》睹《と》・予言の限に非ず」といい、言責をのがれようとした。これに対して星は、

星の声価再び上がる

「自分はいま天子の国務大臣に向かってその進退を質《ただ》すものではない。一個の政客たる伊藤君に所思を問うなり。しかも、なお言明し難しとならば、われわれも覚悟がある。本日は一同議会を欠席するであろう。そして、その結果にわれわれは責任を負わない。左様ご承知あれ」と鋭く迫ったので、伊藤も一本とられた形となった。そこで、伊藤はたちまち気色《けしき》をやわらげ、ねんごろに談話を交換し、みずから意のあるところをつたえ、「結局辞職して内閣を投げ出すなどというようなことはない。議会終了後はすみやかに板垣を入閣せしめ、自由党の要求する権利問題はその法律を改正する」むねを星に確約した。そこで、星もこれを諒承し、自由党は政府との提携の責《せめ》を負ったが、党内における星の地位はこの一件によってふたたび上がってきたのであった。

第九議会において、星はさきの伊藤との約定にかんがみて「党議を斉《ととの》え、院内の懸引」を行なうことを担当した。政府がこの議会に提出した予算案、および諸法案は軍備の充実と産業の増進とにその重点がおかれたものであって、提案後、政府みずからこれを修正して、その金額を増したものを通算すると、歳入・歳出ともに約二億円にのぼり、前年度の倍額に達する状況であった。

対政府交渉は星の独壇場

このとき、民党各派は政府の計画をもって杜《ず》撰《さん》に過ぎるものとし、ことに軍備拡張は急激であって民力がこれにともなわないとし、ひたすらその削減を主張したが、自由党は、それをやむを得ないものとし、民党各派に同調せず、予算案は僅少の修正が加えられただけで、全部可決せられた。これに対して、自由党はその代償として、政府をして出版新聞条例の改正、保安条例の廃止のごとき諸法案を提出可決せしめた。当時星は、自由党から対政府交渉を一任せられていたから、政府提出のこのような議案はたいてい星の関与するところであった。このような交渉は星のもっとも得意とするところであり、その独壇場であったといえよう。

板垣の入閣

明治二十九年(一八九六)四月十四日、自由党と政府との「妥協苟合《こうごう》」はさらにすすみ、ついに板垣退助は入閣にふみきるにいたった。

2　駐米公使として

このような情勢の推移のうちに星は駐米公使として、アメリカにおもむくことになった。

駐米公使を引受ける

星がなぜ駐米公使となったか。韓国にいる間にすでにその考えがあって、井上馨を介して、陸奥外相に申し入れをしたというし、あるいは板垣・林、その他自由党の面々からいえば、星が帰ってきて、なにかやりはしないかという懸念があったので、なんとかして、しばらく遠ざけておこうと考えた結果、伊東巳代治から伊藤博文に説き、伊藤から陸奥に依頼して、イタリア公使にしようとしたが、星がこれに同意せず、そのうち、駐米公使という意見が出て、さようにきまったのであるという話もある。

かくして、星は、明治二十九年(一八九六)四月、駐米公使に任ぜられ、弁護士の職をやめ、五月、夫人を同伴してワシントンにおもむいた。

関税とハワイ合併問題

星がアメリカ公使在任中取り組んだ大きな問題は、関税関係のことであり、アメリカのハワイ合併問題であった。

型破りの外交官

当時、書記官として星の下にあった松井慶四郎は星について、「星君は元来非常の読書家たるに拘わらず、英語を操《あやつ》ることは甚だ不得手なり。普通の人は一と通り技倆《ぎりよう》ありとも英語を話すことにして不十分なる時はこれがためにその技倆を認められず、外交官として大なる損失となる。しかるに、君は人物なるがためか、言葉の能否にかかわらず、米国の政治家よりたしかに人物と認められたり。されど、容貌といい、言葉遣いといい、はたその態度といい、米国の交際社会の好評なきは当然なり。要するに、君は交際社会には成功せずして、一種の人物として米政府の待遇を受け、愛嬌家としては不成功にして大なる点においては成功したり」と評している。外交官としては、星は容貌・態度ともにその定型よりはずれていたというべきであろうが、同時にそのために米国側に重んぜられることもあったらしい。前述の二難問題を星が比較的手ぎわよく解決できたのも、相手側から人物視されていたことに、その原因の一端があったのかも知れない。

米大統領にマッキンレー

明治二十九年（一八九六）十一月に大統領選挙が行なわれ、共和党のマッキンレー William McKinley が当選した。当

駐米公使時代の星，夫人，令息

時アメリカでは、大統領の更迭ごとに海関税の課税率を変更する慣行があったが、多くの場合、それは増加されるのが常であった。しかも、共和党従来の政策は、その増税を必要とするものであったから、マッキンレーの大統領当選は、海関税の加重を予想せしめたのである。

保護貿易主義とディングレー案

果たせるかな、マッキンレーは、翌明治三十年（一八九七）二月、大統領に就任するとただちに臨時議会を召集し、三月十五日、議会に教書をおくった。その大要は「アメリカ政府の歳入は一八九三年（明治二十六年）以来歳出を支弁することができないばかりでなく、巨額の国債を増発するようになったから、議会は十分な歳入を得るために、すみやかに適当な手段を講ずべきである」という趣旨のもので、明らかに増税を主眼とし、保護貿易主義を実行しようとするものであった。この教書に従って、予算委員は新たに会議をひらいて関税法案を編成し、委員長はこれを下院、すなわち、衆議院に提出した。いわゆる「ディングレー案」というのがこれである。

星、法案阻止に動く

この法案によると、関税の税率の引上げが必至であるだけではなく、とくに日本商品に対する課税が過重《かじゆう》になることが予想せられた。そうなると、日本の生産業者、および貿易業者は大きな影響をうける。星は、この法案通過を阻止しようとして、予算委員長と話し合おうとした。しかし、アメリカ下院はこの案の通過を急ぎ、運動の効果もあまりなさそうであったので、上院に廻付せられてから適当な措置を講じようとして星は時期の到来を待ったのであった。

星は、その間、公使館の御雇外人スティーブンを使い、一方においてアメリカの新聞を利用し、他の一方において日本に輸出する資本家などをとらえ、この関税政策はアメリカにとって不得策・不利益である旨を述べ、世論を喚起し、国会議員の考慮を求めようとした。

だいたい、この海関税は多くはアメリカ商人が国会議員と結託して改正をはか

駐米公使時代の星（47歳）

るものであるから、政府に向かって運動をするよりは議員に対して減税運動をした方が効果が多かった。ところが、外国公使の立場上この運動をすることは内政干渉に該当するおそれがあった。したがって、星は、スティーブンを表面にたて、新聞・企業家などを通じて、国会議員を動かし、税率軽減に賛成せしめようとしたわけである。

米紙に所信を表明

ところが、たまたま、三月二十二日付発行の『ニューヨーク＝プレス』New York Press は、従来の日米間の貿易は常に日本だけが利益であって、アメリカに不利であるから、日本は新関税率に対して文句をいう理由はない、というロバート＝ビー＝ポーター Robert B. Porter という者の意見を発表した。この筆者はニューヨークの商工業者の依頼を受け、かつて日本にも渡来し、商工業の状態を調査したことがあり、その言葉は人びとの信用をうるおそれが大きかった。したがって、星は、このときばかりは表面にたち、新聞記者との談話を四月二十五日の新聞に掲載し、これを国会議員その他の有力政治家に配布し、新関税実施が将来の日米関係に悪影響をおよぼす旨を主張した。

生糸輸出への悪影響

というのは、もしこの税率改正案が原案のまま通るとすれば、日本の生糸はとうていイタリアのものと競争することができず、織物のごときもフランスの輸入品と対抗することができなくなり、また、その他の輸出品についても大きな影響がおよばされるからである。たとえば絹反物は、現行法によれば、四割五分の従価税ですんでいたものが、新法案によれば六匁以上七匁五分以下の品に対しては、一ポンドにつき四ドルという関税がかけられることになる。また、花筵《はなむしろ》のごときは絨緞《じゅうたん》を保護する必要があるというので、従来は無税のものに、高率の関税がかけられることになる。新関税法案の通過いかんは、日本の貿易業者にとって、死活の問題であるとさえいえたのである。

米議会で異例の演説

さて、いよいよ新関税が上院の討議にのぼると、星は六月三日、アメリカ当局者に書簡をおくり、関税引上げについての日本の主張を開陳した。そこで、アメリカ政府当局者がこれを上院に転送したためであろうか、委員会において日本公使の意見として星の意見を朗読し、これを証拠として反対論を攻撃し、大いに減税を主張するものがあらわれるにいたった。そして、委員会においては大なる好意をもって星を迎え、親しく委員会に臨席して十分に意見を述べるようになさしめた。これは国際法上異例のことで、駐在国みずからの希望によって「内政に関与」させたのであった。星にとってはこれは平常の持論を実行したものであり、その効果にはみるべきものがあったといえよう。

星の努力実る

すなわち、上院は委員会と本会議とひたすら審議をつづけ、七月七日にいたって日本の輸出品の税目を議了し、その結果減税が行なわれた。そして、十九日に上・下両院の協議会をひらくこととなったが、その討議において税率は確定せられた。修正案によると、絹反物・花筵・段通《だんつう》・陶器・米などの品目について、大幅な税率引下げが行なわれている。そして、この法案は二十四日、大統領が署名し、即日施行せられることになった。当時アメリカ在留の日本商人は公使館にきて、「おかげで商売ができるようになりました。これくらいなら確かに我慢できます」と申し述べたという。

大隈外相、労をねぎらう

このように減税ないし無税の結果をえたについては星の努力に負うところが多かったので、外相大隈重信は、九月二十日、星に勲章を贈ってその労を謝したのであった。大隈は『進歩党報』第五号に、新関税修正法案の影響が大きくないことに満足の意を表し、「上院で修正になつたやうな税率であるならば其の為めに商売を全く衰微せしめると云ふ程の患《うれ》ひはあるまいと思ひます」と述べている。

3　ハワイ併合問題

星の駐米公使在任中、もっとも問題となったのはアメリカのハワイ併合に対する日本側の態度であった。

ハワイから移民の要請

ハワイはかつて太平洋上の一独立国であったが、アメリカ人が早くから渡来して製糖業に従事し、そのため労働者を求めていた。ハワイ国王カラカウアがかつて来日した際も日本人の農業移民を懇望したが、日本は明治十七年(一八八四)になってようやく農民一一六名を送ったにすぎなかった。その後、明治十九年(一八八六)条約を改訂して、政府はとくに官吏を駐在せしめ、一面在住移民を保護監督し、一面ハワイ政府の要求をきき、その要求にしたがって地方官に命じ、希望者を募集してこれを移民させた。これを当時「官約移民」といった。日本人の労働者は他

「官約移民」から「私約移民」へ

国民に比較して優秀であったので、明治二十三年(一八九〇)には日本の移民は一二、三〇〇名を数えるにいたった。ところが、政府が移民のことを直接行なうのはよくないという意見が出てきて、明治二十七年(一八九四)以来、日本吉佐移民合資会社・神戸渡航合資会社・広島海外渡航株式会社などの移民会社が勃興し、以前政府のやっていたやり方を真似て移民事業を経営するようになり、かくて、ハワイ渡航は「官約移民」時代が去って、「私約移民」時代がくることになった。

ふえゆく在留邦人

そこで、第二次伊藤内閣は、明治二十九年(一八九六)「移民保護法」を設けて、その保護に任じ、就業の望みの確実なものは注文および許可をまたず随意に渡航することをゆるし、ハワイ政府も米貨五十ドルをもつものは自由に来航入国することを許可した。これを「自由労働者」といった。この結果、渡航者もますます増加し、明治二十九年(一八九六)には在留邦人は二四、〇〇〇人の多きにのぼり、その数は、ハワイ総人口の四分の一に達し、ハワイ原住民三一、〇一九人に次ぎ、三、〇八六人にすぎないアメリカ人をはるかにしのいでいた。

革命で合併論高まる

これよりさき、明治二十六年(一八九三)一月ハワイに革命が起こり、アメリカ人が主導権を握り、王制を廃して共和制を施くにいたった。そして、前述の大統領選挙で共和党が勝ったのでハワイをアメリカに合併する議論が盛んとなった。しかし、アメリカの世論はなお、合併の意見をいれるにいたらなかったので、ハワイにいた策士たちは何か事件を起こして合併のための注意を喚起しようとしたわけである。

日本侵略のデマ

ところが、たまたま、日本が清国と戦ってこれに勝ったために、移民の渡来の多いのをみて合併論者はこれを絶好の材料とし、日本がハワイを侵略する意図があるというデマをとばし、移民は「日清戦争より帰来した兵卒の移住」であって、やがてハワイを討伐する際の前衛であるとの宣伝を行ない、アメリカの人心を刺激したのであった。また、一説には合併論者はあらかじめアメリカ当路者と密議し、ことさらに日本と事をかまえ、ハワイをして危機におちいったような形を装わしめ、そしてアメリカを促して合併を断行せしめるような手段を考え出したともいわれた。

　このような情勢のときにたまたま明治三十年（一八九七）二月二十七日、神州丸という汽船が船客六七一名をのせてホノルルに着いた。そのとき、神戸渡航合資会社のはからいによる契約移民一八三名は一八九五年ハワイ国法令第十七号労働契約の外国人移入に関する条例に違反するからという理由で上陸を許されず、これらの人びとは神州丸の帰航便にて送還すべき旨、ホノルル税関長から同船長に通達があった。また、同船で渡航した自由移民中携帯金の性質いかんにより上陸を許されないものがあり、携帯金は税関官吏が検疫所に出張していちいちこれを調査した結果わずかに六七名だけが上陸を許されただけで、残る一八三名の無認可契約移民を含む五九九名の移民は送還せられることになった。そこで、上陸を許されなかった五九九名は、ただちに護身律を楯《たて》として、大審院に上訴したのであった。

しかし、これに対してハワイ大審院は、移民はまだハワイに入っていない。だからハワイ国法の保護を受ける権利がないから受理すべき筋合いのものではないという裁断をくだした。

神州丸むなしく帰る

また、税関長カッスルは米布合併論者であって、日本人がハワイに増加することを嫌悪《けんお》する人物であったので、規則を楯にとるハワイの当局者に対し、政治的折衝を行なうことも困難であった。そこで、ホノルル駐在の外務事務官島村久は種々尽力した結果、その解決が困難であることを知り、移民のところにおもむき、このような事態になったからには政府の処置に一任し、おだやかに帰国してはどうかとさとし、同時にハワイ政府に抗議して損害の賠償を求めた。そして神州丸は上陸を拒否せられた移民を乗せて四月八日、空しく神戸に帰着したのであった。

上陸拒否頻発

ハワイの移民上陸拒絶は単に神州丸にのみ止まらなかった。横浜から同じく移民三一七名を乗せてハワイに赴いた日本郵船の佐倉丸の場合も一六三名が上陸を許可せられただけで問題となった。また、そのころ、畿内丸で到着した日本人の上陸拒否事件もあった。

しかし、日本側がいくら抗議をしても、もともとこのことは先方の米布合併の政略が底流としてあることであるから、ハワイ政府はこの抗議を拒絶して応ずる様子がなかった。

軍艦をハワイへ派遣

そこで、島村は四月七日、大隈外相宛に至急警備艦として軍艦一隻を派遣することを要請したが、すでに第二次松方内閣の廟議はこの書簡到着の前に軍艦派遣の決定をし、黒岡帯刀《たてわき》を艦長とする軍艦「浪速」がハワイに派遣されることになっていた。浪速は四月二十日に抜錨《ばつびょう》してハワイに向かった。

米布合併党の悪宣伝

このとき西郷従道《つぐみち》海相より浪速艦長に発せられた訓令によると、海軍の態度はハワイで事をかまえる意思はなく強硬ではなかった。しかし、この報がハワイに伝わると、逆に米布合併党は、日本はいよいよハワイを占領するのではないか、またハワイを併合するのではないかと臆測しつつあった。また、アメリカにおいてもこのような報道を掲載する新聞があったので、ここにおいて星は軍艦派遣のことは移民事件の賠償のみでなんら他意のない旨を主張したのであった。

米膨脹政策の一番手

さて、アメリカは十九世紀モンロー主義に立脚して南北両米大陸に対するヨーロッパ諸国の介入を防ぐと同時にヨーロッパおよびアジアに向かってもその勢力の拡大を自制してきたが、ようやく十九世紀の末にいたってジョン＝ヘーJ. M. Hayの門戸開放・機会均等の通牒を発し、中国の市場に関心を示しはじめたが、これこそアメリカ膨脹政策の最初のあらわれといえよう。ハワイの併合もこの膨脹政策の一環として理解できる。

アメリカの懸念

アメリカがハワイを併合するについて懸念されたのは、日本の反対とヨーロッパ各国の抗議であった。ところが、ヨーロッパ諸国なかんずく英・仏・独の各国は希土《きと》(ギリシア・トルコ)事件、トランスヴァール(南アフリカ)その他の問題に忙殺されて太平洋の問題に介入する余裕がなく、また日本も日清戦争に勝利をしめたものの三国干渉によって「臥薪嘗胆」のスローガンのもとに対露問題に重大なる関心をもち、ハワイ問題に実力をもって介入するだけの力がなかった。

米、ハワイをついに合併

さきの浪速の派遣も移民問題の解決が主で、これによってハワイを威嚇《いかく》し、これを日本の勢力下におこうというような野心は全然なかったわけである。そこで、アメリカはハワイ合併の機が熟したとしてマッキンレー大統領は明治三十年(一八九七)六月十六日、合併条約を承認した。ところが、これを上院に承諾を求めたところ二票の差で成立をみなかった。しかるに、アメリカ議会はテキサス州合併当時の先例にならって、翌明治三十一年(一八九八)七月七日、米布合併条約を通過させ、翌日にはマッキンレーの署名を終わり、八月十二日、ハワイ共和国は正式にアメリカ議会の決議を承認し、ハワイはアメリカに合併されることになった（木原隆吉編著『布哇日本人史』）。

星、シァーマンに質問状

さて、はじめに、米布合併談がアメリカにおいて流布されると、明治三十年（一八九七）六月十五日、星は国務長官シァーマン John Sherman に書簡を送り、その真実であるかどうかをたずねた。

その趣旨は日本はハワイと条約を結んで多くの移民を送り、ハワイの憲法・法律にしたがい、すでに多くの権利を得ている。ところが、いまここに「重要な変化」を生ぜんとするにより、これに対して傍観者として手をこまねいてみていることはできない。だから、もし合併条約が締結せられることが事実としたならば、貴下、すなわちシァーマン氏は、果たしてどのような条項をもって日本がハワイの法律および条約によって得た権利を維持存続せしめようとするのであるかというにあった。

米、日本の権利を害さずと答う

これに対して、アメリカ政府はかねて日本から異議の出ることをおそれ、この質問状のきたその夜、合併条約の草案をつくり、翌十六日早朝両国の委員がこれに署名した。そしていうには「ハワイおよびアメリカ両国政府は各《おのおの》正当の代表者をもってハワイ島を当国に合併するの条約に調印したが、おそらく批准のために大統領より元老院（上院）に交付するであろう。日本国とハワイ国との条約に関しては合衆国政府は何等の義務をも負わざるものである。しかし、米布合併条約中には毫《ごう》も日本の権利を害するものなし」と述べたのであった。

星、ハワイ占領を進言

このころ、星は大隈外相に同年六月十九日付の文書をもって、「布島併合を挫折するには日布繫争賠償を名目に軍艦を用い占領するにある旨」の意見具申を行なった。これによると、星のこの問題に対する態度がよくうかがわれるから、以下やや長文であるが、『日本外交文書』（外務省編纂、以下同じ）第三十巻所載のものをここに掲げておこう。

「米布合併は黙過できず」

「現状維持が可」

米布合併問題は、頃日《けいじつ》俄然其歩を進め、既に去る十六日を以て合併条約の調印を了し、同日批准を得る為め大統領の教書と共に元老院（註、上院）へ送付相成たる義……該条約に対しては、元老院内に於て少数の反対論者之れ有る可くも、到底討議の末可決致す可しと存じ候……今回の大変革に対しては布《ハワ》哇《イ》島の地勢より之れを見るも、該島に在住する我邦人貳万有余千の利害より之れを考ふるも、将又《はたまた》多年日布両国間の関係に徴するも、今に方《あた》り超然黙過する事能はざるは論を俟《ま》たざるべき義と相信候。元来我国の最も欲する所は布哇島に於ける現時状態《ステータスクオー》の永久に保存する事にして、帝国の利益も亦之れに由《よ》りて最も能く保護せらるべき事今更多言を要せざるべしと雖ども、右現時状態の保存は如何なる手段に拠りても之れを求むべきや、或は唯だ或る程度迄限り之れを主張すべきやは素《もと》より帝国政府の裁決する所なるべし。本官を以て之を見れば今回の如く布哇島北米合衆国の版図に帰し、其結果啻《ただ》に同

「断乎たる処置を講ぜよ」

島に於ける我国並に我臣民の権利に一大影響を聯及するのみならず、葦水《いすい》の地益々我が辺土に接近し竟《つい》に太平洋上に於ける均勢を失するに至りては帝国は決して遅疑《ちぎ》逡巡すべきの秋《とき》にあらず。断乎たる処置を以て彼の我に先んぜざるに方《あた》り我先づ之れに加ふるの策を講ずる事緊要なるべしと存じ候。当国現政府は其創立後日尚ほ未だ浅く、加ふるにきゆば島問題等差起り、而して兵力・財政共に十分の余裕之れ無きにも拘はらず輿論の雷同後援に依頼し、今や騎虎の勢を以て布哇《ハワイ》国に臨み居候事なれば、合併条約にして一朝批准相済候上は容易に再び之れを拋棄《ほうき》する事相成間敷、従って我政府は其以前に於て合併防遏《ほうあつ》の策を講じ候事刻下の急務と相信じ申し候。

「同島を占領せよ」

幸に自今日布両国間我移民上陸拒絶事件に関する談判進行中にして我政府の要求に対する布哇国の分疏頗る妥当を欠くもの丶如く存ぜられ候に付、此際右事件を口実とし、急速に有力の軍艦数艘を派遣し、反報の名を以て同島を占領する時は或は我行為通常示威の区域を超え、日米両国間兵火相見るの不幸に立至り候哉《や》も計り難しと存じ候得共、帝国の断乎たる措置は大に米国政府の反省を促し、米布合併を未成に防遏《ぼうあつ》するの結果を見るに至るべきかと存じ候。此一策を除きては今日の場合に於て殆んど他に我目的を達し得べきの望之れ無きのみならず、悠然たる外交的抗弁にして毫《ごう》も其詮なき時は帝国政府の体面上一方ならず汚損を受く。我雄言壮語にして実勢の之れに続くなくんば却て他国の嘲笑を招くに至るやも未だ知るべからざる義と存じ候（下略）（原文片仮名、漢文体のところは書下しとす）。

「占領は穏かならず」と大隈

右によると、星の意見はいかにも強硬である。これに対する大隈外相の態度を『日本外交文書』によってみると、大隈は六月十九日付で「布島併合反対は談判の範囲に限定すべし。軍艦による占領は穏かならざる旨」訓令を発している。すなわち、星の計画は、アメリカに対する挑戦と見做され、かえって合併党を硬化せしめるであろう。したがって、良好な政策としては合併に対する日本の反対は外交の範囲内に限られ、これらの限界において精力的にして注意深くあるべきだということを訓令している。

『大隈侯八十五年史』によると、これは一見、日本が譲歩した形であるが、当時イギリスのごときも米布合併を黙認するような状態で、日本がハワイのような一小島のためにアメリカと衝突をすることの損失の方がいかに大きいかを考慮すると、結局イギリスと同じような態度に出る方が大局からいって賢明であったという。

星、米世論を和らげる

さて、星は一方において政府の回訓にしたがってアメリカ政府に抗議・折衝しながら、他方においてアメリカの新聞・雑誌にあたかも日本がハワイ併合の野心があるように書かれているのを反駁する必要があるとして、新聞記者に会って日本の対ハワイ来歴の実情を話し、ハワイに対し、なんら領土的野心のない旨を語ったのであった。
この新聞の記事がアメリカの政治家および有識者をして反省せしめたことは多大で、アメリカ政府がハワイにおける在留邦人の既得権を保存するようにとりはからうようになったのもこのことによることが多いといわれている。

帰朝して政府を打診

星はこの問題について本国政府となおよく話し合うために十月二十五日、東京に帰来した。そして、外交当局者に「政府はどこまでやる決心か」と念をおしたが、政府は「あくまでもやるという考えはない」といい、はなはだ軽がるしく抗議するもののようであった。そこで、星はくわしく内外の実情を話し、米布合併問題については「是非の問題とせず、利害の問題とし」、この方針をもってすすむよう政府に進言したのであった。

これによると、さきの星の強硬意見に比較して現実的態度があらわれてきている。この点、筆者の参照した星家の資料と前掲『日本外交文書』による星の意見とがくいちがっている。星家の資料によると星が現実論で大隈が強硬論のようにみえるが『日本外交文書』では逆になっている。星のこの問題に対する態度は複雑であるが、ここでは、諸般の資料に照して後者によることとした。

いずれにしても星の中間帰国のころはその立場は現実論であった。そのうち、十一月六日、大隈重信が外相の地位を去って西徳二郎と更迭することになった。そこで、星は西にも建言し、その同意を得てハワイ在留邦人の権利を保全するよう全力を注ぐことになった。

ハワイ政府損害賠償を支払う

このような事情からアメリカ政府も明治三十一年(一八九八)七月、ハワイが公然とアメリカの領土にならない前に、この問題を終結せしめた方が得策であるとして、ハワイ政府に内命して、損害賠償問題の解決を要請したので、ハワイ政府は枢密院会議を開いて満場一致で、日本に賠償金を支払うことになった。

星、帰国歓迎会で語る

星は、明治三十一年(一八九八)八月二十一日、最終帰国後、紅葉館における歓迎会の席上において、米布合併問題について論じ（『憲政党報』第三号所載現代文風に書きなおす）、この合併が、在ハワイ米人の十数年におよぶ画策と、米西戦争の勝利により「とみにその元気を増し」た軍人の声援によってすすめられたものであることを述べ、さらに、この合併のわが国にあたえる影響と、それに対する対策とについて、「この米布合併の結果としてわが国に種々の影響を生ずべしとの説があるが、自分の考えではこの結果として直接の影響を蒙るものはわが国よりハワイに送り出しているところの移民である。

「日本人移民の処置に尽力」

故に、もっともわれわれの注意し、また考慮を要すべきはこの移民の処置というよりほかにないと思考する。だから、自分は今回帰国の前において種々アメリカ政府と相談の上、同政府より相当の保障を取り、帰った。

「差別待遇せぬ保障をとる」

その保障とはなにかといえば、ほかでもない、米国政府が将来他国人および日本人を同等の地位に見做すこと。すなわち、ひとり日本人だけに被害をあたえて他国人と日本人との間に差異をつけるようなことはしないこと。英語のいわゆる〝デスク

「ヨーロッパ人と同等に」

リミネート〃はしないということの同意を得た。日本人は他国人とともにハワイにあって同一の権利・義務をもち、同一の取扱いを受けることの立派な保障を得て帰来したから、このだいたいの保障より割出して細目に渉り十分にわが国移民の権利を保護することはできると信ずるものである。すなわち、わが国民はハワイにあってはイギリス人と同権同力となり、フランス人・ドイツ人ともまた同権同力となる。しかるに、なおかつこれに優る保障を得ようと思うのは無理な注文である。これはできない相談である。自分はわが国人はかならずやこのような無理の注文、でき得ない相談をするものではないと考えるものである」と論じている。

再び国会に復帰

星は第九議会まで衆議院議員であり、明治二十九年(一八九六)四月、特命全権公使となり、明治三十年(一八九七)一月八日をもって衆議院議員をやめたが、明治三十一年(一八九八)八月、帰国して、また、議員となり、第十三議会以後内政に関係することになった。

4　星渡米中の政局

外相・蔵相が空席

星が渡米中の政局の動向をみると、明治二十九年（一八九六）四月、芳川顕正《よしかわあきまさ》は内相兼任をやめて板垣退助がこれに代わり、同年五月外相陸奥宗光は病気のため閣外に去り、文相西園寺公望《きんもち》がこれを兼任することとなった。そして、この年の秋、渡辺国武は、戦後経営のために国費がかさみ一億六千万円の巨額を要し、歳入予算の見込みが立たないことを理由として蔵相の職をやめたので、外務とあわせて二つの空席が生じた。

閣内不統一で伊藤内閣退く

そこで、伊藤はこれを補充しようとし、朝野にわたってその人物を求めたけれども応ずるものなく、松方を蔵相にあて、大隈を外相に就かそうとして閣議にはかったところ、元来大隈と感情的に対立する板垣はこれを拒否し、大隈と並立しえないと主張した。これに対して松方は、大隈とともに入閣するのでなければ断るといったので、閣内人事はまったく停頓《ていとん》してしまった。そこで、伊藤内閣は、閣内不統一の結果、八月二十八日首相・内相ともに辞表を出し、残りの閣僚もあいついで辞職し、瓦解のやむなきにいたった。

難産「松隈内閣」

そして、組閣の大命は松方にくだることになった。しかし、松方内閣はなかなか成立せず、ようやく九月十八日にいたってはじめて親任式をおこなったようなしだいで、世人はこれを「難産内閣」といい、また、この内閣は外務に大隈をすえたので「松隈《しょうわい》内閣」とも称せられた。

少数与党の進歩党

かくして第二次伊藤博文内閣が崩壊し、第二次松方内閣が成立すると、たまたま改進党を中心とし、革新党などの五派が合同してなった進歩党が代わって政府の与党となり、自由党は在野党となった。しかも、少数党であって議場において勢いふるわず、進歩・自由の彼我の盛衰が目立ち、「士気沮喪《そそう》」して意気があが

大隈排斥ののろし

らなかった。そこで、この頽勢《たいせい》を挽回するためになにかやってみたいというのが当時の「党中の嘆声」であった。その挽回策としては薩摩派と進歩党との提携を割いて、大隈重信を閣外に追放するにしくはないということが考えられた。そこで、幹事山田東次・田中賢道などは明治三十年(一八九七)六月ごろからひそかに薩摩派との提携談をすすめ、また政務委員の松田正久もその隠然たる謀主であり、同じく政務委員の林有造とてもその状況を知らないわけではなかった。そのうちに山田らは、しだいに薩摩派と交渉して大隈排斥の〝のろし〟をあげた。

松田正久

一方薩摩派の樺山資紀《すけのり》(内相)・高島鞆之助(陸相)などは本来進歩党を

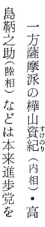

好まず、大隈とも親しくなかったので、漸次自由党の運動員と接近し、情意を通ずるにいたって同党に頼るような傾向がでてきた。

政府、自由党工作に失敗

このとき、ちょうど星は中間帰国した際であった。田村順之助・重野謙次郎など「新自由党」（自由党の反大隈派、脱党後新自由党を結成）の人びとおよび自由党の松田正久らは内外相呼応して薩摩派にすすめて大隈重信および進歩党と絶縁させようとした。ここで、松方内閣はいよいよ自由党に頼ることに決意し、譲歩条件として、第一に政府は自由党に二大臣の椅子をあたえ、その一大臣はただちに任官させ、他の一大臣は第十一議会開会中、もしくは閉会後任官せしめ、第二に自由党からすくなくとも五人の局長、六－七人の知事を採用し、第三に来年の総選挙には自由党に運動員を給し、第四に人権問題については自由党の主義・政見を採用すべきことを提議したのであった。

ところが、この相談のため十一月十八日、自由党は評議員会を開いたが主として林有造の反対にあってすすまず、ついに否決となった。

松田、責任をとる

そこで、松田正久は責任を負って政務委員をやめたが、そのとき人に語っていうには、「いまのときにあたって政党内閣の速成を望む場合にその方途は二つあるだけである。一つは藩閥政府と混和し、他はこれを強襲することである。藩閥政府と提携すれば、政府が倒れて提携の永続しない不利はあるが、その間には進歩の主義が政府に浸透し、政党人もまた実務になれるであろう。もし、この方策に出ることができなければ、民間の政党は大合同をして一致協力して藩閥政府を猛撃し、百折不《ふ》撓《とう》、誓ってこれを粉砕するばかりである。ところが、いまや

政党統一への萌芽

林　有　造

第一の方途が失敗におわったから、この上は自由党と進歩党が合同して有力な大政党をつくるほかに良い方法はない」ということであった。ここらあたりに後の進歩・自由合同憲政党結成の萌芽があったものと思われる。

このとき松方や樺山の考え方は単に松田さえ味方にすることができれば自然に星をも味方にすることができるという楽観論であって、星を迎えることについてはあまり賛成しなかったようである。ところが、先述のように評議員会の反対にあってこの話が頓挫《とんざ》したために、あらためて星の援助を求めたのであった。これに対して星は、「最初帰国の当時その話があったら、これに対する対策もあったろうに、いまとなっては時機を失った」といって深く関係せず、同月二十日、東京を発ってワシントンにおもむいたのであった。

自由党も提携を否決

しかしながら、松方内閣の薩摩出身閣僚はなお、まだ断念せず、自由党のなかにも再挙をはかるものがいて、同年十二月十五日の大会においてふたたび提携説が起こり、激論の結果、乱闘騒ぎが起こった。しかし、この案は多数で否決せられ、自由党の党議はついに極力松方内閣に反対することに一決せられたのであった。

憲政党結成さる

このような状況であったので、松方内閣も思うようにならず、総辞職のやむなきにいたった。かくて、明治三十一年(一八九八)一月第三次伊藤内閣が成立したのであった。そして、明治三十一年(一八九八)六月、自由・進歩の両党は内外の形勢により既成の党派を解消して合同することになり、憲政党を組織することになった。星はこの間の状況をアメリカにあって注目しつづけていた。彼の心中を推測すれば、虎《こ》視《し》眈々《たんたん》、風雲に乗ずる臥竜《がりょう》の気持であったにちがいない。

八　立憲政友会の成立と星亨

1　星の帰国と憲政党の分裂

伊藤博文

伊藤の超然主義

明治憲法の起草者たる伊藤博文は、憲法発布の当時、超然主義の立場をとり、内閣の大臣は、天皇の信任によって進退すべきであるから、国会における多数党の首領たる必要はないという意見をもっていた。しかしながら、実際に自

伊藤、政党の組織化に乗り出す

分が憲政運営にあたってみると、国会に多数の議員をもつ政党をその手兵としてもっていなければ国会操縦は困難であることを知って、ついに、みずから政党を組織しようとした。たまたまその時、自由・進歩両党の方は合同の話合いがすすみ、明治三十一年（一八九八）六月二十二日、結党式をあげ、党名を「憲政党」と名乗ることになった。ここにおいて、伊藤はいよいよ決意をかためて政党の組織化にのり出すこととなり、山県以下の元老と相会し、意のあるところをつげたのであった。

ところがこの時、政党ぎらいの山県有朋はこの伊藤の考えをこころよく思わず、あくまで政党内閣主義を排撃し、伊藤に対して新政党の首領たるべきではないという意見をのべたのであった。山県の見解によれば、要するに政党内閣制は、わが国体に合わず、欽定《きんてい》憲法の精神に反し、民主政治に堕落するものではないかということであった。

伊藤、総理を辞任

そこで、伊藤はこういった政党内閣のいい悪いを論ずるのは、枝葉末節《しようまつせつ》にすぎない、要するに、日本の進運あるいは発展に資するかどうかを顧みるにあるといって、結局、内閣総理大臣の職ばかりでなく、大勲位・侯爵および正二位の位階・勲等をあげて、これを奉還する意図をもち、後継内閣の首班として、憲政党の大隈重信と板垣退助を推薦したのであった。かくして、後継内閣の大命は、大隈と板垣にくだり、わが国最初の政党内閣である「隈板《わいはん》内閣」が成立することになった。ときに明治三十一年（一八九八）の六月三十日のことで、この内閣の手によって総選挙が行なわれ、憲政党は議会において、絶対多数を擁することになった。

外相に望み

この選挙の直後、すなわち八月十五日、星は横浜に帰国したのであった。さきに述べたように、星が駐米公使としてアメリカにおもむいたのは、明治二十九年（一八九六）五月のことであるから、在職二年にして引き揚げてきたわけである。

つまり、星は憲政党内閣成立の報知をワシントンで聞いて、みずからその外務大臣たるべく考えていた。ところが、大隈は外務大臣を兼ね、容易に自由党系の閣僚進出を許さなかった。そこで、星は外務省あて「帰国する」の電報を打ち、外務省から「帰国してはならない」という電報を受け取ったのであったが、強引《ごういん》に旅支度をととのえ、帰ってきたのであった。まさに「押し通った」わけである。そして横浜へ上陸すると、出迎えの外務省の役人に対して、「サンフランシスコで船に乗る際、電報を受け取ったがまだ見ていない」といって、出迎えの人びとの面前で電報を開封し、人びとを啞然《あぜん》たらしめたということである（大津淳一郎『大日本憲政史』）。

星外相実現せず

星の帰国によって、板垣は大隈に、星の入閣を迫ったが、大隈は依然としてその地位をゆずらなかった。

大隈が重要ポストたる外相の職をみずから兼任して動かなかったのは推察するに、その地位を誰かにあたえると事態がいっそう紛糾すると考えたからではなかろうか。もちろん、星に渡すつもりはなかった。また、星の外相就任については陸海軍方面から反対があったようである。

尾崎文相の失言問題

このように、星の外相就任が難航しているときに、たまたま起こったのが文相尾崎行雄の「失言問題」であった。

尾崎が明治三十一年八月帝国教育会で行なった演説は、もし、わが国にして百千年の後に、共和政体が設立されるようなことがあったならば——もちろんないはずであるが——拝金熱が盛んであるから、到底これを維持することが不可能であろう、というような趣旨のものであった。尾崎の演説は、「かりに」という想定のもとに話されたものであるが、反対派、とくに保守主義者および官僚派は、尾崎の演説をこれ幸いとしてとらえ、尾崎は日本が共和政体になることを希望したというふうに吹聴したために、この問題が尾崎の責任問題化したわけである。その結果、尾崎は辞職するのやむなきにいたった。

自由党系と進歩党系との対立

そこで大隈首相は文相の後任として、同じく進歩党系の犬養毅《つよし》を推した。ところが、板垣などの自由党系のものはこれを喜ばず、「派閥均衡論」を主張して、星を外相の地位につけるならば異論がないが、大隈がなお外相を兼任し続けようとするならば、同じ進歩党系の文相をつくるべきではないと主張した。そして、自由党系と進歩党系との間に派閥対立が激化し、憲政党内閣は危機に頻した。

憲政党の分裂と大隈内閣の崩壊

星は、憲政党内閣が成立したとき、好機到来と思ったのであろう。彼はアメリカにおいてこの報を知り、初の政党内閣の外務大臣として、日ごろの抱負経綸を実現することができると考え、そこで強引に帰国したのであった。そして、これから縦横無尽の活躍をしようと思っていたところ、彼の野心を満足させるには進歩党系の阻止はあまりにも大きかった。そこで、星は非常手段を用いて、ついに、憲政党を分裂せしめ、大隈内閣をして崩壊に導いたわけである。

星は、さきにアメリカから帰国して以来、駐米公使の辞表が受理されなかったために、表面きっての政治活動をひかえていた。ところが、犬養の文相就任をきつかけに突然行動を開始したのであった。彼はまず総務委員会を開いて、進歩党に対して憲政党解散の議を交渉せしめた。そして、時を同じうして、板垣は、大隈首相の専断をなじり、内相の辞表を提出し、進歩党系に対して、公然と挑戦した。そして、星は、その数日後、さらに青年会館において、自由党系だけの大会を開き、憲政党解散を決議し、自由党系だけの憲政党を新たに組織した。もちろん、進歩党系の人びとはこれに反対したが、板垣内相の配下たる警察によって圧迫せられてどうすることもできず、ここに自由・進歩両党の結合たる憲政党は事実上分裂するにいたった。

自由党系だけの憲政党を組織

破壊運動の成功

星のこの破壊運動は、まさにクーデターに類するものであり、闘志満々たる彼においてなし得るまさに「独壇場」であったといえよう。

かくして、大隈首相は、そのよってたつ地盤である憲政党の分裂、これに加うるに板垣の退陣などの難問題に対して、単独内閣案をもってこれをのり切ろうとしたがはたさず、ついに内閣をなげ出さざるをえなくなった。

2　憲政党と第二次山県内閣

第二次山県内閣の誕生

大隈内閣崩壊後成立したのが、第二次山県内閣である。山県は最初、憲政党と協同して内閣を組織しようとして同党に協力を求めたが、憲政党はこれに応じがたいとして提携をことわった。

山県の考え方としては、政党政治に賛成するものではないが、しかし、政府に協力する政党であれば、これを歓迎しようとするものであった。山県は政党を一段と低い存在と見て、これを利用できるだけ利用しようという考えである。この山県の政党観は彼が自称したように「一介の武弁《ぶべん》」的見解からする、てんで政党政治を理解しない立場と、同時に第一次山県内閣のときに自由党土佐派の軟化に成功した経験によるものであろう。

山県と憲政党との提携

かくて、山県は、大阪において板垣・星・片岡などの憲政党幹部と会見し、内閣との提携をふたたび論題とした。しかし、このときの会見は「要領を得ず」提携の交渉は成立しなかったが、山県が政党を利用しようとしたのに対して、憲政党の側にも反対にこれを利用しようとする意図があったから、問題は後にもちこされた感じであった。

そして、憲政党はまもなく、従来の政府反対の党議をひるがえし、提携の方針に賛成することとなった。これは、大阪における会見の後、星があらためて山県と会見した結果、「この際政党を度外視して国政を行なうことは困難であるから、閣員は憲政党との提携を熱望している」という山県の言質を得た結果にほかならない。

また、前田蓮山氏の『「自由民権」時代』によると、このとき、星は、伊東巳《み》代《よ》治《じ》を通じて、

㈠現内閣は超然主義を執るものにあらずとの宣言を発すること。

憲政党と提携して議会に臨む旨を公然発表すること。

㈡憲政党の綱領を採用すること。

鉄道国有・選挙権拡張等、憲政党の宿論は政府の意見、これに一致するを以て、政府案としてこれを提出すること。

増税案中、地租増徴の一案は、今期議会に提出を見合わすこと。

㈢憲政党と利害休戚《きゆうせき》を同じうすること。

憲政党との提携は、一時の苟合《こうごう》にあらずして、将来に永続すべきものなるを以て、政府は出来得る限り、便宜を与えること。

という条件を山県に示し、山県は地租に関する一事を未定とするほかは、これを全部承諾したという。

星は give and take の戦術をとり、これを山県に認めさした。

かくして、山県内閣と憲政党との提携が成り立ち、山県は提携の「宣言」を発表した。

星の入閣不調に終わる

はじめ、山県は閣僚の詮衡《せんこう》にあたり、文相に近衛篤麿、農商務相に伊東巳代治、法相に星亨を推そうとする意図があったようであるが、この交渉は不調におわり、これらの人びとは結局入閣しなかった。星の入閣交渉は陸相桂太郎の推薦によるものであるというが、山県内閣の憲政党誘惑の第一歩であったといえる。また、星は、政府との提携に際して、党から四名の閣僚を出すことを要求している。政権に対する希望は、憲政党の側においても強烈であったことが知られる。

軍備の拡充と財政整理

この山県内閣において、もっとも重要な問題は、軍備の拡充と財政の整理であった。日清戦争で得た戦勝の報酬は、三国干渉の結果、一部をロシアに取られてしまったけれども、しかし、日清戦争があたえた影響は大きかった。政府は「臥《が》薪嘗胆《しんしょうたん》」のスローガンをかかげて、国民に危機意識をあおるとともに、国防観念の高揚につとめ、ロシアのアジア進出に備えようとした。そのために、国防費がぼう大な額にのぼった。軍備拡充費のために、その後、総歳出の五五パーセントが使われたということは、今日から考えて驚くべきことであったといえよう。そこで、政府は地租の増徴によって歳入の道をはかり、財政の基礎をかためようとした。

増税案をめぐる政争

ところが、この増税案に対しては憲政本党をはじめ、反政府的諸団体や農民団体が蹶起して反対運動を展開した。また、増税反対派は野党だけでなく、憲政党内にも少なくなく、地方支部は挙げてこれに反対するという状況であった。これに対して政府は弾圧と買収をもって臨むと同時に、予算委員会において、地租増徴期を明治三十二年度より三十六年度にいたる五ヵ年と定める等々の修正案を提出し、憲政党の了解を得て法案通過をはかった。ここにおいて、星も政府案通過について種々画策するところがあった。

議員買収と小山田信蔵

はじめ政府は地租増徴案を出すと反対がはげしく、その通過の容易でないとき、元代議士小山田信蔵というものが、横浜海面埋築の許可を内務省に請願して、その特許状のくだるのを待っていたが、たまたま政府が議員買収に腐心していると聞き、星に面会して「われわれは反対議員若干名を買収することができる。政府がその請願を許可せられる場合は、われわれはその議員をしてかならず増租案に賛成させることができる」と述べた。

小山田がこの問題を星に申し入れたのは、同埋築の先願者に院外の憲政党員がいたため、星の口ぞえがぜひ必要であったからであるという。星は、これは妙案であると思い、これを西郷内相に相談したところ内相もこれに同意したので、議員買収条件をもって同埋築の特許を小山田に内約し、約束に従って、小山田は反対派憲政本党員五名の脱党届を星にとどけた。

増税案通過

増徴案が通過すると小山田は前約履行を政府にうながし、星がその間を斡旋し、政府はついに特許を小山田にあたえた。ところが、同埋築の先願者は、出願の前後を論じて政府の処置を非難し、問題になった。ここらに、星の現実政治家としての〝辣腕《らつわん》〟が指摘せられる理由があると思う。とにかく、地租増徴案は、かような経過でやっと両院を通過することができたのである。

なぜ山県と提携したか

星の山県内閣に対する態度をみた場合、人びとは、自由民権運動のために、政府によって投獄までされた彼が、なぜ藩閥の巨頭である山県の主宰する内閣と提携するようになったかについて不思議に思うであろう。いったい、星はどのような考えをもって山県内閣と提携をしたのであろうか。海外をまわってみた場合の日本の政治に対する所信からであろうか。自分の政治的野心を達成しようとする権勢欲のためであろうか。政党内の派閥の長としての役割からであろうか。あるいは藩閥政府にくさびを打ち込み、提携のかわりに政党勢力の拡大をはかろうとしたものであろうか。おそらく、そのいずれでもあったであろう。

猟官運動をチェック

　とにかく、星は現実主義的な立場に立って、政党の勢力を拡大しようとしたが、しかし、山県もさるもの、あらかじめこのことのあるを察知して、地租増徴案が通過すると、猟官運動を防止するために勅任文官無試験任用の制度をやめて、奏任以下の文官と同じように、その任用についての資格を定め、ともに、文官分限令および文官懲戒令を制定して、文官の身分の保障をすると同時に、その懲戒に関する制度を整備して、政党の猟官運動をチェックし、官僚閥の温存をはかろうとした。

憲政党の不満高まる

　この政府の処置に対して、憲政党は憤慨をしたが、いかんともしがたいような状況であった。そこで、憲政党の内部においては、このころ、ようやく山県内閣との提携に対して反対する者が多くなってきた。星は山県内閣に対して、しばしば交渉につとめ、宣言実行・局面展開の方法を協議したが、交渉はしばしば難航した。また、星は、山県に面会して、「現内閣員の大部分を憲政党に加盟せしめるか、党員若干名を入閣せしめるか、いずれか一方を採用せよ」という新しい条件を示したが、山県はすでに辞職の意向をもっていたので、この条件を拒否し、ここで、山県内閣と憲政党との提携は断絶することとなった。そして、山県は辞表を提出することになったが、たまたま北清事変が起こった（明治三十三年五月）のでその解決の時期まで留任することになった。

山県内閣と憲政党との提携崩れる

このようにして、山県内閣と憲政党との協力関係は断たれたが、憲政党の山県内閣に対するバランスシートは、すべてマイナスであったかといえば、かならずしもそうではなく、選挙権を拡張し、有権者の数は約百万人弱に増加し、議員の定数も、三百人より三百七十人にふえたわけである。そうして、従来の自分の名前を書き、捺印する公開主義的な投票が、秘密主義に改められた。

なお、星は、党勢拡張のために、山県から少なからざる政治資金をとったといわれるが、これを裏づける証拠はない。山県はいわゆる「握り屋」であって金など出しても大したことはなかったといわれている。後述するように、おそらく、なにがしかの金銭のやりとりがあったかもしれないが、それは世上伝えられているほど高額ではなかったものと思われる。

政党への圧迫が減少

また、内務官僚の政党に対する圧迫が減少したのも、この提携のプラスの一つである。星は内務官僚が文官任用令を改めて、人材登用の門をせばめたとして、政府に抗議し、任用令改正の立案者たる内務次官を免職せしめた。これを見た全国の官吏は、星の威力にふるえ上がり、地方長官のごときは、爾後府県会における憲政党の要求を重んずるようになったという。このため、政党圧迫はその跡を絶ち、その結果、明治三十二年(一八九九)九月の府県会議員選挙では憲政党は全国を通じて約半数を獲得したのであった。

3　立憲政友会と星の立場

立憲政友会の誕生

伊藤が政党結成の希望をもったことは、かつて指摘したところであるが、ついに、明治三十三年(一九〇〇)本格的に政党組織に着手することになり、かねてから親しい井上馨・西園寺公望・伊東巳代治・金子堅太郎・末松謙澄・原敬《たかし》、ならびに憲政党側から出た星亨・松田正久・林有造・大岡育造などとともに協議し、具体的な準備をすすめていたわけである。かくて、立憲政友会が、明治三十三年(一九〇〇)

西園寺公望

原　敬

九月成立し、憲政党は発展的解消をとげることになった。

逓相に就任

北清事変勃発のため、一時、辞職を延期していた山県は、事変もいちおうおさまり、伊藤の政友会組織もできたので、九月辞表を提出し、伊藤を後継内閣の首班に推薦し、伊藤は第四次内閣を組織することになった。この内閣は加藤高明（外相）・末松謙澄（内相）・渡辺国武（蔵相）・桂太郎（陸相）・山本権兵衛（海相）・松田正久（文相）・金子堅太郎（法相）・星亨（逓相）・林有造（農商務相）といった顔触れで、外・陸・海相をのぞいてはいずれも政友会の党員であった。

東京市の疑獄事件で逓相を辞任

星はこの内閣の逓信大臣として入閣し、縦横の活躍をするつもりであった。臥《が》竜《りょう》よく雲を得て乗ぜんという按配であった。しかるに、好事魔多しというか、東京市に疑獄事件が起こり、検挙せられる者が続出し、星は市参事会員として、長年市会を牛耳《ぎゅうじ》っていたために嫌疑は彼にもおよび、ついに在任三ヵ月にして逓信大臣の職を投げ出すことになった。星の在職はわずかであったが、その決済ぶりはなかなかあざやかで評判がよかったということである。おしいところで、彼は一歩後退せざるを得なかった。

反対派の攻撃強まる

とにかく、政友会内閣の成立は保守的分子に大きな衝撃をあたえた。そこで、貴族院の保守的分子は反撃の機会をうかがっていたわけである。そこへ東京市の疑獄問題という好餌《こうじ》が出てきたので、好機到来とばかりに、これをもって星攻撃の材料として騒いだ。これに加えるに、進歩党派も口をきわめて星を攻撃したので、星も伊藤に迷惑のかかることを心配して、辞職にふみきったのであるという。

九　横　死

翌三十四年（一九〇一）六月、星は伊庭《いば》想太郎なる者の妖剣《ようけん》にあって、悲劇的な最期をとげた。

疑獄事件は政敵の術策

星は遞相をやめたとき、「謹テ社会公衆ニ告グ」という声明書を公表し、辞職の理由となった疑獄事件が、まったく政敵の術策に過ぎないことを訴え、みずから恥ずるところはないと宣言した。だから彼は、退職後も依然として衆議院と東京市会に議席をもち、政友会の領袖《りょうしゅう》として活動をつづけたが、明治三十四年（一九〇一）三月九日、また弁護士の登録をうけ、東京弁護士会に加入し、五月四日、園遊会を赤坂新坂町の自邸において開き、友人・知人をまねいて開業の披露をなし、ふたたび法曹界において活動しようとした。

ところが、たまたま、東京市の道路改修のため石山買収問題が起こり、裏面における猛烈な利権運動に対する世間の人びとの疑惑が深まるにつれ、星への非難はさらに拍車をかけられることになった。星は東京市を「国際都市」とするために一大築港計画をもっていた。しかし、その横死によって計画はすべて挫折してしまった。

最後の日

星、最後の運命の日、すなわち、六月二十一日は、市参事会の例会日であった。会議は午後三時ごろに終わり、常例によって参事会のドアの前に掲げてある秘密会議の札をはずし、市長・助役・参事会員などが、しばらく雑談をしていた。このとき、暗殺者伊庭想太郎は短刀と東京市会議員にあてた斬奸《ざんかん》趣意書を懐《ふところ》にして星に面会を求めて応接所で待っていたが、午後三時三十分ごろ巡視が、星が面会を謝絶したことを告げた。すると、彼は参事会室をうかがい、星が席にいることをたしかめると、いかにも面会人のように装って、おもむろにその室内に入り、星に近づくや突然「逆賊星亨」と絶叫して、懐の短刀をもって星の右肋部を二刀刺し、さらに腹部をえぐった（日本館本店発行『伊庭想太郎公判録』）。

犯人伊庭想太郎の生い立ち

伊庭は家代々心形刀流の剣術の師範で、先代は伊庭軍兵衛といい、兄の八郎は維新の際、榎本武揚《たけあき》にしたがって函館の戦争で戦死している。想太郎は少年時代静岡において漢学を修めるかたわら剣術を学び、のち沼津にいたり、中根淑《しゅく》について英語と数学を学んだ。その後東京に遊学し、榎本の推薦によって小笠原壹岐守（長行）の依頼により、その子息で後の海軍中将小笠原長生《ながなり》の教育を引きうけることになった。そして、彼は、これを機会に私塾を開くこととなったが、小笠原の関係から後の海軍中将佐藤鉄太郎などもその門に出入し、軍人で伊庭の門に学ぶものも多かったという。とにかく、彼は講談小説に出てくるような剣豪であった。

農学校の校長

明治十六年（一八八三）に徳川育英会が設立せられると伊庭は会長榎本の推薦によってその幹事となった。明治二十四年（一八九一）三月育英会が飯田河岸に育英黌《こう》を設立することになり、伊庭は同じく黌主榎本の推薦で、その学校の幹事になり、その農業科が小石川に移転せられ、単独の農業学校になるようになってからその校長となった。そして、明治二十四年からひきつづいて二期、八年間、四谷区会議員に選ばれ、また、その後、四谷区の学務委員にもなった。このほか日本貯蓄銀行・江戸川製紙場などの重役などもしていた。

伊庭の兇行決意の動機

その当時、伊庭は東京市教育会発起人の一人であったが、教育会長であった星の行為が東京市政をみだすものとして同席するのを嫌っていた。そして、たまたま、明治三十四年六月二十日、東京市教育総会席上において星のした演説を『日本新聞』で読み、兇行を決意したものである。伊庭はその後、獄中において病気になり、明治三十六年（一九〇三）九月についに没した。ときに五十三歳であったという（伊庭の経歴については大野史朗「東京農業大学史」昭和十三年五月十四日付『東京農大新聞』による）。

稀れにみる剣客

右のように、伊庭は稀にみる剣客であったために、星暗殺はきわめて敏活に行なわれ、不意を襲われた星はこれをふせぐ暇もなく、凶刃のなすがままに、血を吐いて椅子より床上に転落し、ふたたび起つことができず、人事不省におちいった。傍らの人びともとっさのできごとだったので、どうにも手のくだしようがないありさまであったが、平賀書記が伊庭の背後から飛びついてこれを抱き止め、他の人びと総がかりで伊庭から兇器をうばいとった。

〃国家のため〃と放言

伊庭は、星を刺した後、平賀書記に抱き止められると星負傷の模様をじっと注視しており、そのいよいよこと切れたるを見て、「国家のためこれを殺す実に愉快、君達に加害するものならず」と放言し、その後は尋常に縛《ばく》についたという。

あたり一面せいそうなる気がただよい、剛愎《ごうふく》の政治家星にとってはまことに劇的な最期であった。伊庭の所持していた斬奸状には、彼と星との間には何の悪感・怨恨もないこと、彼が一度も政党政社に関係したことがないこと等が述べられ、この暗殺の動機がまったく公憤にもとづくものであることが力説されている。

暗殺の理由

また、伊庭は、暗殺直後に、「自分は旧幕臣でもあり、実際ながくこの土地に住んでいるものであるから、江戸という二字は常に自分の頭脳を去らない」と述べ、星の行為が江戸をけがすものであるから、「江戸の士風を改めるためには、これを除く以外にない」と考えたといっている。

思うに、伊庭は暗殺者によくある直情径行、かつ粗放な頭脳をもつ人物であったようで、生粋《きっすい》の江戸っ子として生まれた星が伊庭の単純な江戸主義によって、その生命を絶たれたことは皮肉な運命というほかない。

動じなかった津奈子夫人

さて、市役所から星遭難の模様は赤坂新坂町の星家に伝えられた。しかし気丈《きじょう》な津奈子夫人は動ずる色もなかったという。星の遺骸は馬車にのせて渡辺勘十郎・井上敬次郎が同乗し、夫人は別の馬車に乗り、これに附添って自邸にひきとったのであった。

星の葬儀は六月二十六日二本榎の承教寺において、片岡健吉を葬儀委員長に原

数千人の会葬者

敬と松田正久を主任として執行され、遺骸は池上《いけがみ》の本門寺に埋葬された。原敬の日記によると、当日会葬者は数千人におよんだといい、また旧自由党関係者で地方から葬儀にかけつける者も多かった。

人徳のあらわれ

さらに門下生は墓の傍らに日生庵という小屋をたてて、四十九日の間、寝泊りして故人の霊をなぐさめた。このことは星の生前における活動がいかにはなばなしかったかを物語るとともに、その反対派の攻撃にもかかわらず、人徳をしたう人びとがいかに多かったかを物語っている。

星の葬儀

星は、反対派からは奸悪の張本のごとく目され、とくに島田三郎・木下尚江などが筆をとっていた『毎日新聞』によって連日「公盗の巨魁《きよかい》」といって攻撃せられ、星みずからが述べるように、政敵からの非難は、「醜嘲《しゆうちよう》・悪罵、殆ド狂暴ヲ極」めた。しかし実際には、彼は原敬がいっているように、「案外淡泊の人にして金銭に就いてはきれいなる男」（『原敬日記』）であったようであって、世間に伝えられているスキャンダルは、政敵の悪宣伝か、門下生や壮士のそれを引きかぶったものか、いずれかが多かったものと思われる。このことは、彼の死後、蓄財はなく、むしろ借財が残ったことからも知られる。

星の悪名は、第二次山県内閣との提携に関してとくに高いが、前田蓮山氏は『「自由民権」時代』において、それは「官僚がそういうふうに宣伝した」ものであって、「真相は大いにちがっている」と断定している。前田氏の説によれば、このとき山県が、議会操縦に用いるために宮内省から持ち出した金は九十八万円に達したが、そのうち星には、党勢拡張費として、わずかに八万円が渡されたに過ぎないという。しかも、星はこれを京浜銀行に山県名義で預金していたというのであるから星がこのような公費を着服する意図がなかったことは明らかである。

星亨の墓

実行力に富む英傑

一方彼は、実行力に富む政治家であって、星がもう十年存命すれば原敬よりさきに立憲政友会総裁となり、彼のいだく政党政治観にもとづいて施政をしたかもしれない。原理原則に忠実な立場からいえば、星の生涯はまことに複雑にして、その心理は容易にはかりがたいかもしれないが、現実政治家としての彼は、まことに興味深い存在であった。

いずれにしても、星は明治政界の偉材であり、一代の「英傑」であったといえよう。

略年譜

年次	西暦	年令	事蹟	参考事項
嘉永三	一八五〇	一	四月、江戸八官町に生まる。父佃屋徳兵衛、母松子。幼名浜吉	正月、佐藤信淵没す
四	一八五一	二	この歳、父徳兵衛家出す	
五	一八五二	三	この歳、浜吉、松子の実家にあずけられる○母松子、医師星泰順と再婚す	九月(陽一一月三日)、明治天皇降誕○この歳、蘭領インド総督、書翰を幕府に呈す
六	一八五三	四		六月、ペリー軍艦四隻を率いて浦賀に至る○同月、ペリー浦賀を去る○七月、ロシア提督プチャーチン、軍艦四隻を率いて長崎に至る
安政元	一八五四	五		正月、プチャーチン長崎を去る○同月、ペリーふたたび浦賀に来たる○三月、神奈川条約調印○八月、英国と和親条約締結○一二月、日露和親条約調印

安政 二	一八五五	六	この歳、浜吉、星家の養子となりついで登と改名す○養父とともに相州三浦郡大津に移住す	正月、米国と本条約交換○一二月、日蘭和親条約調印
三	一八五六	七		七月、米国総領事ハリス着任す
四	一八五七	八		五月、下田奉行、ハリスと下田条約に調印す○一〇月、将軍、ハリスを引見す
五	一八五八	九		四月、井伊直弼、大老に就任す○六月、日米修交通商条約調印
六	一八五九	一〇		五月、幕府、神奈川・長崎・箱館三港を開き、露英仏蘭米五国と貿易す○六月、横浜を開港場とす
万延 元	一八六〇	一一	この歳秋、登、泰順夫妻とともに横浜に移住す	正月、条約批准のため幕府の使節渡米す○三月、井伊直弼桜田門外において暗殺さる
文久 元	一八六一	一二	この歳、登、神奈川奉行付属蘭方医渡辺貞庵に弟子入りし、医学を学ぶ○貞庵長男牧太より英学を学び、ついで官立英学校に学ぶ	
二	一八六二	一三		八月、生麦事件起こる
三	一八六三	一四	この歳、登、泰玄と改名す	二月、英艦神奈川に至り、生麦事件の賠償を要求す○五月、長州藩、下関にて米国船

元治	元	一八六四	一五		を砲撃す 八月、英仏米蘭四国艦隊、下関を砲撃す○同月、幕府三五藩に征長の軍を出さしむ○一二月、征長軍、兵を撤す
慶応	元	一八六五	一六		四月、幕府ふたたび長州へ兵を出すことを令す
	二	一八六六	一七	二月、泰玄、名を亨と改む○この歳夏、亨、江戸牛込矢来町在住の御家人小泉某の養子となり、幕府散兵隊に編入さる	八月、将軍家茂薨じ、長州征伐の兵を止む○一二月、慶喜将軍職につく○同月、孝明天皇崩御
	三	一八六七	一八	この歳春、亨、開成所に通学し、同校英語世話役心得となる○六月ないし七月、亨、小泉家を離縁され、星家にもどる○八月、何礼之の推挙にて幕府海軍伝習所句訳師となる○一二月、伝習所廃止せられ、失職す	一〇月、幕府大政を奉還す
(明治元)	四	一八六八	一九	二月、小浜藩主酒井氏に就職す○八月、小浜に至り、大いに英学を興そうとしたが成功せず	正月、鳥羽伏見の戦○四月、官軍江戸城を収む○七月、江戸を東京と改む○一〇月、天皇東京へ行幸され、皇宮をここに定む
	二	一八七〇	二一	この歳初秋、小浜を去り、大阪におもむく。	正月、薩長土肥藩主、版籍奉還を奏請す○

明治　三	一八七〇	二一	ついで和歌山藩に仕え、職禄をうく○九月、何礼之の推挙にて大阪府立洋学校訓導となる この歳春、大阪府立洋学校、大学南校の分校となり、開成所と改称す。星、同大学の大得業生に任官し、ついで四月、少助教に昇進す○九月、少助教を退く○一〇月、和歌山藩兵学寮出仕となる	五月、出版条例頒布○六月、知藩事を置く 三月、集議院を開く○一二月、新律綱領頒布
四	一八七一	二二	七月、大阪より横浜に移る（和歌山藩々用を勤む）○八月、陸奥宗光の助言にて神奈川県英学校修文館の教頭となる	七月、廃藩置県
五	一八七二	二三	三月、二等訳官に就任○四月、東京に移り大蔵省租税寮御雇となる○六月、食客とともに豪飲して、警官に反抗し、ついに司法省に下され、閉門刑を科せられる○八月、大蔵省より免職さる○九月、租税寮七等出仕に補さる○この歳、星、『海外万国偉績叢伝』を出版す	一一月、徴兵令実施○同月、太陰暦を廃し太陽暦を用う
六	一八七三	二四	二月、伊阿弥一雄の長女津奈子と結婚し、つ	六月、集議院を廃す○征韓論起こる○一〇

			いで税関次官をして横浜在勤を命ぜらる○この歳、『英国法律全書』(二冊)を訳し出版す	月、西郷・副島・後藤・板垣・江藤各参議辞職す
七	一八七四	二五	正月。租税権助に任ぜられ、ついで横浜税関長となる○二月、従六位に叙せらる○この歳、星、英国公使パークスと英国君主称号についで争う○七月、君主称号事件のため、贖罪金に処せられ、税関長を免職さる。ついで租税本寮に入り、外事課長に補さる○八月、条約改正委員に就任○九月、太政官より学問修業のため、英国派遣のことを命ぜらる○一〇月、出発○一二月ロンドン到着。ついで、ミッドル＝テンプルに入学、もっぱら法学を学ぶ	二月、佐賀の乱起こる○四月、板垣、土佐にて立志社を設立す
八	一八七五	二六	九月、養父星泰順没	正月、板垣、愛国社を結成す○同月、大阪会議開かる○三月、木戸・板垣、参議となる
九	一八七六	二七		一〇月、熊本・秋月・萩に乱起こる○この歳、司法省、代言人規則を定む
一〇	一八七七	二八	正月、星、帰朝を命ぜらる○一〇月、米国を	正月、政府諸官庁の組織を改革す○二月、

			経て帰朝す○一二月、星の発案にて、司法省付属代言人の制成る○この歳、星、英国において、バリスター＝アット＝ローとなる	西南戦争起こる
明治一一	一八七八	二九	二月、司法省付属代言人に任ぜらる	五月、大久保利通暗殺さる
一二	一八七九	三〇		この歳、ボアソナード、民法起草を命ぜらる
一三	一八八〇	三一	星の主唱にて、東京代言協会設立さる	この歳、代言人組合組織され、会長選挙が行なわる
一四	一八八一	三二		一〇月、国会開設の期を定める詔くだる○自由党結成さる
一五	一八八二	三三	二月、司法省付属代言人の制廃止さる。星、通常代言人となる○この歳夏、自由党に入党す○ついで厚徳館を設立す	三月、立憲改進党結成○同月、立憲帝政党結成○六月、集会条例改正さる○一一月、板垣等欧州へ出発○一二月、福島事件起こり河野広中など捕わる
一六	一八八三	三四	七月、河野以下七名、高等法院の裁判をうく。星、厚徳館代言人として弁護に当たる○この歳、星、『自由新聞』発行のことに当たる	四月、新聞紙条例改正さる○六月、板垣など帰国す

一七	一八八四	三五	五月、「めさまし新聞」を発行す○九月、新潟にて自由党北陸七州大懇親会開催。星、これにのぞみ、不動院において演説し、舌禍事件を起こす。ついで官吏侮辱罪にて捕われ、取調べ終了後保釈となる○一二月、禁錮刑の判決を受け、代言人免許を取り消さる	一〇月、自由党解散す
一八	一八八五	三六	二月、服罪入獄す○六月、位記返上を命ぜらる○一〇月、満期出獄す	一二月、政府太政官を廃し、内閣制度を定む。○同月、第一次伊藤内閣成る
一九	一八八六	三七	一〇月、一大政党結成のために浅草において全国有志大懇親会を開催す○この歳、『各国国会要覧』（二冊）を編し、出版す	八月、条約改正のため、外務省に法律取調所設置さる。このころ、条約改正問題起こる
二〇	一八八七	三八	五月、栃木県有志の勧告をいれ、立候補のため戸籍を宇都宮市に移す○同月、大阪にて、全国有志大懇親会を開催す○一〇月、後藤象二郎を盟主とし、大同団結運動を起こす○一二月、政府保安条例を発布し、星等東京退去を命ぜらる	秋、三大事件建白運動起る
二一	一八八八	三九	二月、出版条例違反ならびに罪人隠匿罪にて	四月、伊藤博文等、憲法草案を作成す○同

			捕わる〇七月、軽禁錮の判決をうけ、石川島監獄に入る	月、黒田内閣発足す
明治二二	一八八九	四〇	二月、大赦にて、出獄す。ついで代言人免許をうく〇四月、欧米旅行に出発〇九月、カナダ・米国を経て英国に至り、ついでベルリンに至る	二月、明治憲法発布さる〇三月、後藤の入閣により、大同団結運動瓦解す〇一二月、第一次山県内閣発足す
二三	一八九〇	四一	一〇月、これより先、ベルリンよりパリーにおもむき、この月帰国す〇ついで立憲自由党に加盟す	七月、第一回衆議院総選挙行なわる〇八月、愛国党・再興自由党・大同倶楽部解散。立憲自由党結成さる〇一〇月、元老院廃止〇一一月、第一回帝国議会召集さる
二四	一八九一	四二	三月、星などの発議により、立憲自由党、自由党と改称し、かつ板垣を総理とす	正月、国会議事堂焼失す〇五月、第一次松方内閣発足す〇一一月、板垣、大隈と会見す〇同月、第二帝国議会召集〇一二月、予算案大削減のため、政府衆議院解散を断行す
二五	一八九二	四三	二月、栃木県第一区より立候補し、当選す〇五月、第三議会召集され、星、衆議院議長に当選す	二月、衆議院選挙を行なう。この時、大選挙干渉が行なわる〇五月、内閣選挙干渉引責決議案可決さる〇八月、松方内閣辞職、

				伊藤内閣（元勲内閣）発足す○一一月、第四議会召集さる
二六	一八九三	四四	二月、予算案をめぐって政府・民党対立し、衆議院、内閣弾劾上奏案を可決し、星、参内して、それを上奏す○四月、法典調査会審査委員となる○一一月、星議長不信任の動議提出され可決せらる○一二月、星議長不信任上奏案可決せらる○同月、自由党を脱党す○同月、再度にわたり懲罰委員会に付せられ、ついに議員除名の処分を受く	二月、内閣と議会との「和協輔翼」を望む詔勅くだる○三月、第四議会終了す○同月、このころ条約励行論抬頭す○一一月、第五議会召集さる
二七	一八九四	四五	三月、総選挙行なわれ、星、栃木県第一区において当選す。ついで、自由党に復帰す○三月、改正法典調査会委員となる○六月、自由党々則を改正し、政務委員を増し、星これに就任す○九月、総選挙行なわれ、星ふたたび当選す○一二月、朝鮮視察に出発す	一月、条約励行派と政府との対立により、政府、議会を解散す○五月、第六議会召集さる○同月、民党派、政府の不当解散を非難し、政府弾劾上奏案を可決す○六月、政府、衆議院を解散す○八月、朝鮮問題に端を発し、日清戦争起る○九月、広島にて臨時議会召集さる○一二月、第八議会召集さる

明治二八	一八九五	四六	正月、星、東京に帰還し、見聞するところを自由党本部において講演す〇三月、駐韓公使井上馨の招きにより再度渡韓、法務衙門顧問官となる〇五月、法典調査会委員を辞職す〇一〇月、帰京す	四月、日清講和条約調印〇同月、李埈鎔の逮捕事件起こる〇同月、露・仏・独三国、日清講和条約に干渉す〇五月、遼東半島還付〇八月、三浦梧楼、井上に代わって駐韓公使となる〇この歳秋、自由党、伊藤内閣と提携す〇一二月、第九議会召集さる
二九	一八九六	四七	四月、駐米公使に任ぜられ、高等官一等となる。ついで従四位に叙せらる〇五月、米国に赴任	四月、板垣、内相として入閣〇九月、第二次松方内閣（松隈内閣）成立す〇一二月、第一〇議会召集さる
三〇	一八九七	四八	正月、衆議院議員を辞職す〇九月、米国との関税問題解決の功により、勲三等に叙せられ旭日中綬章を授けらる〇この歳、米国のハワイ併合問題解決打ち合せのため一時帰国し、一一月、任地に帰還す	四月、政府、勅任参事官制度を新設す〇一二月、第一一議会召集さる〇同月、松方内閣辞職、衆議院解散さる
三一	一八九八	四九	八月、政府訓令を無視して帰国す〇九月、ワシントン駐劄を免ぜらる〇一〇月、星、憲政党の分裂を策し、新たに憲政党（旧自由党系）を組織す。ついで旧進歩党系は、憲政本党を	正月、第三次伊藤内閣成立す〇六月、衆議院解散さる〇同月、自由・進歩両党合同して、憲政党を組織す〇同月、保安条例廃止さる〇同月、第一次大隈内閣（隈板内閣）成

			組織す○一一月、特命全権公使の職を免ぜらる○この歳、一三議会召集され、星ふたたび議員となる	立す○八月、文相尾崎行雄の失言問題起こりついで尾崎辞職す○一〇月、隈板内閣瓦解す○一一月、第二次山県内閣発足す○同月、山県内閣と憲政党との提携成る
三二	一八九九	五〇	この歳、政府の地租増徴案通過を支援す	
三三	一九〇〇	五一	一〇月、第三次伊藤内閣発足し、星、逓相となる○一一月、正四位に叙せらる○一二月、東京市疑獄事件起こり、星、辞表を提出す	五月、義和団暴動により、軍艦を太沽に派遣す○同月、憲政党、山県内閣との提携を絶つ○七月、伊藤、憲政党幹部を大磯に招き、新政党組織の協力を求む○九月、立憲政友会発足す
三四	一九〇一	五二	三月、ふたたび弁護士の登録をうけ、東京弁護士会へ加入す○六月二一日、東京市参事会席上にて、伊庭想太郎に暗殺さる。同月二六日、葬儀。同月二一日をもって従三位勲二等に叙せられ瑞宝章を授けらる	六月、第一次桂内閣成立す

主要参考文献

藤井竹官『政界名士星亨』　又間精華堂　明治三四年

川越重治『怪傑星亨』　日東館　明治三四年

都沢胖『星亨』　相隣社　明治三九年

伊藤痴遊『巨人星亨』　東亜堂　大正二年

同『星亨』（伊藤痴遊全集第九巻）　平凡社　昭和四年

前田蓮山『星亨伝』　高山書院　昭和二三年

中村菊男『明治的人間像―星亨と近代日本政治―』　慶応通信　昭和三三年

同「駐米公使時代の星亨」（慶応義塾創立百年記念論文集（法学部）第二部・政治学関係）　昭和三三年

松尾章一「星亨」（『日本人物史大系』第六巻）　朝倉書店　昭和三五年

著者略歴

大正八年生れ
昭和十八年慶応義塾大学法学部政治学科卒業
慶応義塾大学法学部教授等を歴任、法学博士
昭和五十二年没

主要著書
現代政治の実態　政治心理学　近代日本の法的形成　伊藤博文　昭和政治史　日本政治史読本

人物叢書　新装版

星　亨

昭和三十八年二月二十日　第一版第一刷発行
昭和六十三年一月一日　新装版第一刷発行

著者　中《な》村《むら》菊《きく》男《お》

編集者　日本歴史学会
代表者　児玉幸多

発行者　吉川圭三

発行所　株式会社　吉川弘文館
東京都文京区本郷七丁目二番八号
郵便番号一一三
電話〇三―八一三―九一五一〈代表〉
振替口座東京〇―二四四
印刷＝平文社　製本＝ナショナル製本

『人物叢書』（新装版）刊行のことば

人物叢書は、個人が埋没された歴史書が盛行した時代に、「歴史を動かすものは人間である。個人の伝記が明らかにされないで、歴史の叙述は完全であり得ない」という信念のもとに、専門学者に執筆を依頼し、日本歴史学会が編集し、吉川弘文館が刊行した一大伝記集である。

幸いに読書界の支持を得て、百冊刊行の折には菊池寛賞を授けられる栄誉に浴した。

しかし発行以来すでに四半世紀を経過し、長期品切れ本が増加し、読書界の要望にそい得ない状態にもなったので、この際既刊本の体裁を一新して再編成し、定期的に配本できるような方策をとることにした。既刊本は一八四冊であるが、まだ未刊である重要人物の伝記についても鋭意刊行を進める方針であり、その体裁も新形式をとることとした。

こうして刊行当初の精神に思いを致し、人物叢書を蘇らせようとするのが、今回の企図である。大方のご支援を得ることができれば幸せである。

昭和六十年五月

日本歴史学会

代表者　坂本太郎

〈オンデマンド版〉
星　　亨

人物叢書　新装版

2020年（令和2）11月1日　発行

著　者　中《なか》村《むら》菊《きく》男《お》

編集者　日本歴史学会
代表者　藤田　覚

発行者　吉川道郎

発行所　株式会社　吉川弘文館
〒113-0033　東京都文京区本郷7丁目2番8号
TEL　03-3813-9151〈代表〉
URL　http://www.yoshikawa-k.co.jp/

印刷・製本　大日本印刷株式会社

中村　菊男（1919～1977）

ISBN978-4-642-75105-6